Privatermittler im Einsatz

Horst Pomplun

VTP-Verlag-Berlin

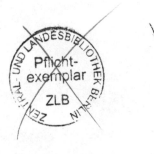

Umschlagdesign: Ewa Maria Pomplun

Horst Pomplun   VTP-Verlag-Berlin
Sakrower Kirchweg 95   14089 Berlin

978-3-947226-00-9

Inhaltsverzeichnis

Vorwort

Nun, auf meine alten Tage, fühle ich mich noch lange nicht zum alten Eisen gehörend und kann mir, da ich finanziell unabhängig bin, endlich die Aufträge aussuchen.

Jahrzehnte habe ich erfolgreich für Prominente in der ganzen Welt als Personenschützer gearbeitet. Doch als was fühlte ich mich, als Bodyguard, Legionär oder gar Söldner?
Nein, Söldner schon gar nicht. Der Söldner ist jemand, der für ein fremdes Land kämpft, auch mordet, selbst Dinge tut, die einem Armeeangehörigen nicht erlaubt sind, zumal er in der Dunkelzone des Rechts operiert. So foltert dieser auch unter anderem, um an sein Ziel zu kommen.
Im Moment erlebt der Söldner sein großes Comeback. Er hat jedoch keinen Anspruch, als Kriegsgefangener behandelt zu werden, was schon viel aussagt. Sein Ruf ist

nicht der beste. Der Ruf des Legionärs im weitesten Sinne schon eher.

Der Legionär hat seinen Ursprung im Römischen, in der Legion. Später bekannt wurden auch Frankreichs Fremdenlegionäre. Doch seit langem ist seine Tätigkeit längst nicht mehr nur auf soldatische Aufgaben beschränkt. Er bietet seine Dienste zum Beispiel einem Land oder auch Personen an. Einer der Gründe ist, dass die Einheimischen nicht selten korrupt oder familiär bedingt parteiisch sind.

Dann gibt es noch den Spezialisten. Unter diesem Begriff kann man den Bodyguard, Privatdetektiv oder privaten Ermittler mit einordnen.

Das bin ich nun auf meine alten Tage: vom Bodyguard zum internationalen privaten Ermittler.

Aufs Abstellgleis lasse ich mich erst schieben, wenn ich nur noch den waagerechten Gang gehe...

Warum soll ich also nicht mein Wissen einsetzen, um anderen zu helfen?

Horst Pomplun

AIDS-Gala in Berlin

Wie jedes Jahr wurde auch diesmal die AIDS-Gala von internationalen Größen, oder denen, die sich dafür halten, gut besucht. Gegen 23 Uhr wurde ich von einem langjährigen Geschäftsfreund einem Herrn aus Malta vorgestellt, mit dem wir an der Bar landeten. Er war mir von Anfang an sympathisch. Wir teilten, wie wir schnell merkten, das gleiche Schicksal. Auch seine Frau hatte ihn betrogen und ist dann mit dem besten Angestellten, der alle Geheimnisse kannte, durchgebrannt, ohne Rücksicht auf sein Kind. Kinder werden meist nicht gefragt, sondern brutal dem Vater und dem gewohnten Umfeld, entzogen.

„Das kenne ich leider zur Genüge, Sir. Für Frauen gibt es dann nur Schwarz oder Weiß, keine Farben. Das musste ich auch am eigenen Leibe erfahren."

Er schilderte mir, wie verlogen seine Frau war, und versuchte nun, mit dem Ex-Angestellten an seine Besitztümer, welche er von der Familie erbte, zu kommen.

„Ich weiß von meiner zwölfjährigen Tochter, dass sie nicht mitwollte und sogar Angst vor dem Lover ihrer Mutter hat. Mein Job verlangte von mir, dass ich viel unterwegs war, was sie gnadenlos ausnutzte, um mein nicht gerade leichtverdientes Geld gern mit vollen Händen auszugeben."

„Wie sich das ähnelt, ist wie bei uns. Der Neue meiner Frau kam selbst wenn die Töchter in der Wanne saßen frech rein, wie sie mir später erzählten. Jeder weiß, dass dies den Mädchen peinlich sein musste. Nur der Mutter kein Stück, die schien total blind. Sie dachte nur noch mit dem einen Teil. Natürlich sind nicht alle Frauen so. Es gibt sicher auch genauso viele skrupellose Männer. Trotzdem, ich für mein Teil verstehe so etwas nicht. Man ist Jahrzehnte gut zusammen, der Partner nutzt diese Vorteile gern mit, kennt selbst kleine geschäftliche Schummeleien. Aber wenn es knallt, wird schmutzige Wäsche gewaschen. Alles wird gegen den anderen verwendet. Wie dreckig ist das? Hatte die Sie nicht mal geliebt – oder nur Ihr Geld bzw. Ihr Ansehen?" gebe ich meinen Senf dazu.

„Der alte Gouverneur von der Insel, wo ich große Ländereien besitze, hat Unterlagen. Diese beweisen, dass dies bereits seit Jahren so geht, und er hätte eine Idee, wie man sie zu Fall bekommt. Doch wenn ich da auftauche, will ich mein Kind sehen. Das wird sie hundertprozentig ausnutzen, um es mit Lügen gegen mich aufzuhetzen. Aber ich liebe mein Kind und würde für es auf alles verzichten."

„Und nun komme ich ins Spiel", lache ich. „Könnte Ihnen helfen und dorthin fahren, denn nachgeben wegen der Kinder ist grottenfalsch. Hatte ich auch gemacht, nur um vor ihnen keine schmutzige Wäsche zu waschen. Doch selbst das nutzte sie aus und behauptete, ich würde feige sein und nicht einmal um sie kämpfen. Dadurch hatte ich die Kinder verloren, da sie mit mir keinen Kontakt mehr wollten. Daher mein Tipp an Sie: kämpfen!"

Noch am selben Abend, gut, es war schon früh, heckten wir einen Plan aus. Und er bot mir diesen interessanten Job an, welchen ich unter der Maßgabe annahm: Sollte sich herausstellen, dass er linkt, bin ich sofort raus.
Als die Frage meiner Entlohnung kam, meinte ich wie immer nur:
„Gib, was du willst."

Ich hatte einen guten Ruf, und in der Branche wusste man, dass unter 100.000 Euro, nach oben offen, bei mir nichts läuft.

Bereits fünf Tage später flog ich nach Venedig, von wo aus ich mit dem tollen MSC-Kreuzfahrtschiff „Magnifica" über Malta in die Karibik fahren sollte.
Einen 3-Tage-Venedig-Aufenthalt wollte ich mir vorher noch gönnen, wenn man schon mal vor Ort ist. Vom Flughafen Marco Polo ging es mit einem Taxiboot in halsbrecherischem Tempo durch die engen Wasserstraßen Venedigs zum Markusplatz.

Venedigs dunkle Seiten

Es war ein scheißkalter, verregneter Novembertag, wie sollte es auch anders sein, wenn ich reise. Es wurde bereits dunkel. Ich wollte ins Casino, das mir mein Freund, ein Bischof aus Rom, damals ans Herz legte:

„Ein supertolles Flair dort, sehr alt. Einfach ein Muss, wenn du schon in Venedig bist. Man hat das Gefühl, die Seelen von Glücksspielern aus mehreren Jahrhunderten befänden sich noch immer in den Räumen. Sicher die, welche sich nach dem Besuch dieser Hölle umbrachten, weil sie all ihr Vermögen verspielten. Möchte nicht wissen, wie viel."

„Hallo? Und da schickst du mich hin?"

Ich gestehe, wenn ich unterwegs bin, besuche ich schon gern mal solche Etablissements, natürlich überwiegend, um mir die Räumlichkeiten anzusehen ☺ und meinen überaus verträumten Gedanken freien Lauf zu lassen. Ein paar hundert Euro waren dafür immer eingeplant. Bisher war mir der Spielgott gnädig und schickte mich oft mit einem Gewinn nach Hause.

Der Weg dahin, wenn man nicht nur auf der Touristenstraße schlendert, sondern auch mal in die Seitenstraßen geht, war schon allein die Reise wert. Viele versteckte kleine Blumengärten, zwar oft hinter hohen Mauern, zeigen unmittelbar das wahre Gesicht von Venedig. Alle haben einen kleinen Brunnen, welche aus der Zeit vor 1889 stammen, da die Insel vorher über kein Süßwasser verfügte.

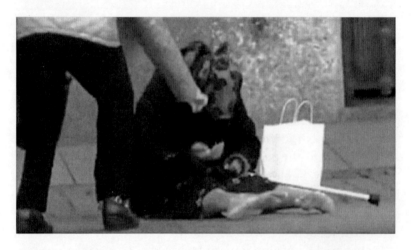

Unmittelbar vor dem Casino streckte mir, eine bettelnde, scheinbar schwerkranke alte Frau zitternd ihre abgeschundene Hand hin. ‚Verdammt‘, dachte ich, ‚bei diesem Sauwetter sollte sie sich wenigstens mal einen heißen Kaffee leisten können‘, und gab ihr mitfühlend fünf Euro. Werde ich hoffentlich im Casino zurückgewinnen und wenn nicht, werde ich es auch überleben. Meine Laune war kaum zu toppen.

Kaum hatte ich das Zauberwort an der Anmeldung genannt, welches mir der Bischof mitgeteilt hatte, bekam ich nach einem kurzen Telefonat eine VIP-Clubkarte. Nicht nur dass ich alle Getränke frei hatte, auch ein cooles Dinner als Spezial-Buffet mit Kaviar und anderen Feinheiten wartete. In diesem Moment hasste ich mich dafür, dass ich keinen Alkohol trank.

Es dauerte noch drei Tage, bis das Kreuzfahrtschiff ablegte und meine bessere Hälfte in Venedig eintraf. So ließ es sich aushalten. Wenn die Damenwelt gut vertreten wäre, wäre es perfekt.

Als ich mich umdrehte, stieß ich mit einer Mittdreißigerin an der Ritterrüstung neben dem denkmalgeschützten Fahrstuhl zusammen. Ihre Handtasche fiel herunter, einige kleine Jetons à 50 Euro kullerten über den alten, schwarz-weißen Marmorfußboden. Das fand sie wohl amüsant, denn ein schallendes, nicht unsympathisches Lachen belebte die überdimensional große Empfangshalle. Sofort bückte ich mich, um alles einzusammeln. Sogar 3000er-Jetons waren dabei. Ich ertappte mich, wie ich spaßig überlegte, ob sie es wohl merken würde, wenn ich einen mit der Schuhspitze unter die alte Holzbank schöbe. Doch dies war nicht meine Art. Ein Jeton lag unmittelbar vor ihren roten Highheels. Unweigerlich blickte ich an den nicht enden wollenden, tadellosen Beinen nach oben, wo ein Schwarzes, welches keinen Millimeter zu kurz war, gerade noch die „verbotene Zone" bedeckte. Brav übergab ich ihr das Zusammengeraffte. Eine Sekunde blieb mein Blick an ihrer akzeptablen Oberweite hängen. ‚Das Kleidchen hat sie bestimmt preiswerter bekommen', dachte ich.

Es wurde bei der Verarbeitung schließlich kaum Stoff verbraucht.

Wo das Kleid in den BH überging, musste man erahnen. Genau sehen konnte man es auf den ersten Blick nicht. Sie hatte blendendweiße Zähne und ein unverbrauchtes Gesicht, wenn man das über eine Dame sagen darf. Ihre Augen sahen mich neugierig an.

„Oh, ein echter Kavalier", zwitscherte sie in gutem Deutsch. „Sie sind Deutscher, oder? Ich habe drei Jahre in Köln studiert. Vielen Dank. Ich bin übrigens Celina."

„Bin der Henry, und ich schäme mich zutiefst."

„Wieso das denn? Es war doch meine Schuld."

„Nicht deswegen, sondern dass ich einer so charmanten Dame in aller Öffentlichkeit Geld gebe. Nicht dass das jemand falsch verstehen könnte."

„Machen Sie mir ein unseriöses Angebot?"
Sie konnte sich kaum vor Lachen zurückhalten. Die beiden Securitys schauten schon aufmerksam auf uns.

„Würden Sie denn so viel für mich ausgeben?" feixte sie.

„Ich bitte Sie. Ich würde glatt drei Monatsgehälter springenlassen", konterte ich spaßig.

„Wow, klingt schon gar nicht mehr unseriös. So viel bin ich Ihnen wert? Und was müsste ich dafür tun?"

„Das haben aber Sie gefragt. Genau genommen nichts. Also keine Gegenwehr, den Rest übernehme ich dann gern, Signora", sagte ich grinsend.

„So ein interessantes Angebot hat mir noch nie jemand gemacht. Könnte ich glatt drauf reinfallen. Und wieviel wären drei Monatseinkommen, wie Sie so schön sagen?"

„Hm, jetzt haben Sie mich in die Enge getrieben. Also genau genommen müsste ich noch etwas zurückbekommen von dem." Ich zeigte auf die Jetons, welche sie in diesem Moment wieder in ihre Tasche steckte.

Für den Bruchteil einer Sekunde glaubte ich, dass ihr Lächeln einfror. Doch sie hatte sich gut unter Kontrolle.

„Und was bitte wollen Sie dann hier?" Sie zeigte auf die oberen Etagen.

„Mein Gehalt aufbessern! Wenigstens um soviel, dass es reicht, um so eine hübsche Signora zum Kaffee einladen zu können. Ohne Hintergedanken natürlich", schob ich schnell nach.

„Was bitte sollte mich dann veranlassen, zuzusagen?"

Ich wurde rot. Die Securitys kamen mir bereits verdächtig nah. ‚Ganz schön eingebildet', dachte ich. Sie bemerkte sofort meine Enttäuschung.

„Ohne Hintergedanken? Dann kann ich auch mit meinem Papa oder Ehemann gehen. Sehr billig, der Herr."

„Oh, falls Sie darauf bestehen, Signora. Schließlich bin ich ein Gentleman und würde keiner hübschen Frau einen Wunsch abschlagen."

„Moment. Also sollte ich auf etwas bestehen, dann darauf, dass Sie nicht immer Signora, sondern Celina zu mir sagen. Und wenn es wirklich bei einem Kaffee bleibt und ich mir aussuchen darf, wo, gern." Dabei sah sie mich verführerisch an.

„Dürfen Sie, Celina, gern. Obwohl ich jetzt kurz abwägen muss, ob ich mich nur für einen Kaffee von

Ihrem Ehemann mit italienischen Spezialschuhen in den Kanal werfen lassen sollte."

„Was bitte sind italienische Spezialschuhe?"

„Ein Betonklotz am Bein."

„Aha, der ist gut. Doch woher wissen Sie, dass mein Mann bei der Mafia ist?" konterte sie wieder.

„Ist er das nicht?"

„Das müssen Sie ihn schon selber fragen. Können Sie gleich, er sitzt oben am Pokertisch."

Aus meinem Gesicht schien schlagartig die erwartungsvolle Freude gewichen, denn sie schob lachend nach:

„Wenn er beim Pokern ist, hat er nur Augen für die Karten, es sei denn, er hat mich wieder mal verloren."

Ihr Gesichtsausdruck wurde etwas hart.

„Sie machen Witze, Celina."

„Wenn es mal so wäre", flüsterte sie kaum hörbar vor sich hin. Ihr Gesicht wurde erneut weich und verführerisch.

„Kommen Sie mit hoch. Sie wollten doch in die Salons, oder?"

„Genau genommen bis eben, ja. Jedoch wenn ich an die Kanäle denke und dass ich nicht schwimmen kann..."

„Wozu schwimmen, wenn Sie die – wie sagten Sie? – Italienischen Spezialschuhe bekommen?" Sie hielt mir ihren Arm als Aufforderung hin.

„Hm, haben Sie auch wieder recht", antwortete ich lachend, sicher, dass es ein Spaß war.

Ich hatte mich selten getäuscht, doch diesmal lag ich total daneben. Wir gingen, nein, schritten eine edle Treppe mit rotem Teppich und goldverzierten Haltestangen hoch. Also alle Achtung, das verstand sie. Zielstrebig steuerte sie den zweiten Roulettetisch ganz links außen an, wo uns sofort ein hochdekorierter General oder doch nur ein Casino-Mitarbeiter in Uniform einen Stuhl anbot.

Mein Freund hatte nicht übertrieben. Überall herrliche alte Säle, auf mehrere Etagen verteilt, mit, für meine Begriffe, zu verspielten Kristallleuchtern und riesigen roten Samtvorhängen. Schließlich sind die Räume über vier Meter hoch. Gut, nicht alle sind für die normalen Gäste gedacht. Einige Spielchen finden unter Ausschluss der Öffentlichkeit statt.

„Setzen Sie sich bitte. Ich möchte stehen. Ich liebe es in der zweiten Reihe."

Wie ein Schuljunge setzte ich mich unsicher. Sie beugte sich über meine Schultern, um mir einige 50er-Jetons zu geben, wobei mein Kopf angenehmen Besuch von ihren Brüsten bekam.

„Setze, was du willst."

„Nein, das kann ich nicht annehmen."

„Kannst du. Warum nicht?"

„Moment, ich wollte sagen, das kann ich nicht annehmen, dass Sie mir nur so kleine Jetons geben."

„Touché", sagte sie lachend.

Ich holte aus der Innentasche alles, was ich besaß, heraus. Es waren nicht ganz 1300 Euro, meine Reisekasse sozusagen, und wechselte diese in 100er-Jetons ein. Ich bereute es schon, als der Croupier sie mir zuschob. Doch wie sollte ich zurückrudern? Wie kam ich aus dieser beschissenen Lage raus? Ich setzte meine vier Stammzahlen, mein Hochzeitsdatum. Keine fünf Minuten vergingen, und ich war bereits 800 Euro los. Ihr erging es ebenso, sie verlor 1500 Euro. In diesem Moment kam ein nicht gerade vertrauenswürdig wirkender Mann auf sie zu und flüsterte ihr etwas ins Ohr. Sie wirkte danach ein wenig versteinert.

„Gut, Gnädigste, aller guten Dinge sind drei! Einmal werde ich es noch wagen", sagte ich großkotzig, mehr hätte ich auch nicht gekonnt.

Okay, zurück könnte ich kostenlos mit dem Casino-Boot fahren, doch das mit dem Kaffee müsste ich mir dann wohl abschminken. Innerlich war ich sowieso schon auf dem Sprung, denn die Signora spielte eindeutig in einer anderen Liga, um nicht zu sagen zwei zu hoch!

Die Vier, hurra!, die Vier rettete mich: 3600 Euro, der Kaffee war gesichert. Mir gelang es, die Freude zu verbergen. Ich drehte mich um, und meine Augen schauten genau in ihr Decolleté, da sie sich gerade vorbeugte, um zu setzen.

„Reicht das für einen Kaffee?"

„Geradeso", meinte sie lachend und winkte einem Mittfünfziger am Pokertisch lächelnd zu.

Ich stand schnell auf, um nicht weiterspielen zu müssen, und zeigte auf den Nebensalon, wo sich ein edles Restaurant befand, was unverständlicherweise so gut wie voll war, gab es doch unten alles umsonst.

„Hier, oder?"

„Natürlich, oder", antwortete sie schlagfertig.

„Ach so ja, unten meinen Sie sicher, da ist ja heute das Galadinner umsonst."

„Träum mal weiter."

„Wenn ich da mit dir hingehe, liege ich spätestens zwei Stunden später im Bett eines Pokerpartners meines Mannes, willst du das?"

„Nein, natürlich nicht. Doch Signora beliebt zu scherzen, oder?"

„Wäre das Letzte, wonach mir gerade ist. Lassen Sie uns zu Alfredo gehen, ist dort auch mehr für Ihre Gehaltsklasse."

Sie bemerkte meinen etwas beleidigten Gesichtsausdruck und schob schnell nach:

„Nicht dass Sie mich falsch verstehen, doch ich finde dich nett, und warum sollst du extraviel Geld ausgeben. Wo ich sonst verkehre, wär's wirklich unangemessen. Geld ist nicht alles."

„Absolut", erwiderte ich noch etwas abweisend.

„Alfredo hat ein bescheidenes altes, hochromantisches Restaurant in einem verträumten Hinterhof – eine Adresse, wo mein Mann garantiert nicht verkehrt, das meinte ich damit."

„Da bin ich ganz bei Ihnen. Wäre mir auch nicht gerade recht, sollte er genau in diesem Moment auftauchen, wenn Sie verträumt in meinen Armen liegen."

„Sonst hast du aber keine Probleme", lachte sie.

„Wieso? Irgendwie, müssen wir doch noch die Sache mit dem Finderlohn klären."

„Was für Finderlohn?"

„Na, habe ich nicht im Casino Ihr Geld gefunden und es Ihnen brav wiedergegeben?"

„Na toll auch. Machst du das immer so mit Signoras?"

„Nicht nur mit Signoras"

„Aha, etwas bi schadet nie, oder? Hätte ich dir allerdings nicht zugetraut."

„Wieder falsch gelegen. Bin nicht bi, aber das mache ich unter anderem mit unschuldigen Signorinas, und nicht nur das!"

Endlich lachte sie, als ich ihr in der Garderobe ihre Jacke übergab.

„Bitte, was meinst du mit ‚nicht nur das'?"

„Fragen Sie Sylvia. Doch passen Sie auf, dass sie Ihnen nicht die Augen auskratzt."

Ich zeigte auf die kleine Brünette an der Garderobe, die mir jetzt die Jacke gab. Hatte mit ihr vorhin gesprochen, als ich meinen Parka gegen ein standesgemäßes Sakko tauschte. Muss man da anhaben, wenn man in die heiligen Hallen will.

Sie kam aus Bielefeld, arbeitete bereits zwei Monate da und quatschte mich an, aber nett:

„Ich komme um vor Langeweile hier."

Daraufhin bot ich ihr an, sie heute Nacht zu verwöhnen, was sie zwar dankend ablehnte, doch das wusste ja Celina nicht.

Mein Gott, Sylvia wurde sowas von rot und stotterte nur:

„Passt schon."

Zu mir leise, dabei nett lächelnd:

„Wusste ich bis eben nichts von."

„Okay, hast was gut bei mir." Und etwas lauter:

„Halte das Bett warm!"

Schnell drehte ich mich zu Celina, und wir gingen raus, damit Sylvia nicht widersprechen konnte, sonst wäre das Geflunker aufgeflogen.

Puh, mein „kleiner Kumpel da unten" war schlagartig sauer mit mir. Dass sie uns trotzdem noch freundlich nachrief „Ich nehme dich beim Wort!" lag sicher nur an den zehn Euro Trinkgeld, die ich ihr hingelegt hatte.

Grinsend setzte ich, bescheiden wie ich bin, einen drauf:

„Ja, eine Nacht ohne mich ist zwar möglich, aber welche Frau möchte das schon."

„Scheinst es ja faustdick hinter den Ohren zu haben", meinte Celina, als wir das Casino verließen.

Warum hatte ich nur das Gefühl, dass sie irgendwie verängstigt war?

Die Bettel-Mafia agiert weltweit

Unmittelbar vor uns stand die schwer fußkranke, bettelnde alte Frau von vorhin auf – viel zu schnell, als es ihr scheinbares Alter eigentlich zulassen könnte. Sie verschwand in einer dunklen Einfahrt, keine dreißig Meter vor uns rechts.

„Was ist das denn?" rief ich erstaunt. „Wie geht das?"

Wir gingen nochmal die paar Meter zurück und kamen genau richtig: Sie war dabei, sich ihrer zerfetzen schwarzen Bluse mit Strickjacke und des langen Rocks zu entledigen. Da stand sie nun, eine durchaus attraktive Brust lächelte mich an. Nee oder? Ich traute meinen Augen nicht. Ich Trottel fiel auf sowas rein...

„Denk mal weiter", flüsterte Celina. „Gleich wird sie in eine Disco gehen, um anzuschaffen, doch vorher liefert sie da rechts neben dem Kircheneingang, ich hoffe es in ihrem Interesse, alles ab."

„Was, die in einer Disco und anschaffen? Bin ich im falschen Film?"

„Nein, in der Wirklichkeit. Sie ist nicht älter als sechzehn, wetten?"

„Hallo, nimmst mich auf den Arm?"

In diesem Moment ging sie an uns vorbei, ein bildhübsches Mädchen, echt! Könnte meine Zwillingsschwester sein, da nichts an ihr auszusetzen war. ☺

„Komm, lass uns kurz hinterherschlendern, du wirst sehen. Doch dann müssen wir zurücklaufen zum Casinoboot."

„Ja bitte, das muss ich mir ansehen. Glaubt mir kein Mensch. Das heißt, wenn ich an Olympia in Griechenland denke? Da hatte ich voriges Jahr eine junge Mutter gesehen, die vor einer Kirche ein Kind stillte und einen Teller neben sich stehen hatte. Ein toller Anblick sagte ich mir, hatte sofort Mitleid, war mir glatt fünf Euro wert."

„Wohl eher der Blick auf ihre Brüste, oder?"

„Sagen wir höflicherweise beides. Eine Stunde später sah ich, wie sie in ein Auto stieg, das bei allen kleinen Kindern, die bettelten, anhielt, um das Kind einer anderen Frau zu übergeben. Höchstens achtzehn Jahre alt, saß später auch mit freiem Busen und Kind ,ausgesetzt' an der Kirche."

„Hm, bekamst du wenigstens was geboten für dein Geld", meinte Celina lustig. „Sieh, da sind zwei Aufpasser. Der in der braunen Lederjacke ist der Boss oder wie immer man den nennen sollte. Weiß es zufällig, da die Mafia mit denen ab und zu einen Kleinkrieg führt. Also erst haben sie die ja hier geduldet als ,Anschaffer', wie sie es nannten. Doch schon bald wurden sie mehr und mehr. Daher bekämpfen sie sich, zwar nicht in der Öffentlichkeit, so schon. Nur für schmutzige Sachen heuern sie die ab und zu an, um sich nicht selbst die Hände dreckig zu machen. Oder wenn sie untereinander Konflikte haben. Aber komm jetzt, wir sollten uns hier lieber nicht blickenlassen."

Als wir zurückgingen, kamen zwei, ich war sicher Rumänen oder Bulgaren, jedenfalls garantiert aus dem Osten, und rissen Celina zu Boden. Ich war total überrascht, schaffte es zwar noch, dem einen Haken an die Kehle zu knallen, wodurch er ausgeschaltet war – schließlich betreibe ich 30 Jahre aktiv Karate. Landete danach jedoch auf dem Scheiß-Steinboden, da der andere mir mit einem Totschläger eins überzog. Ich war kurz weggetreten, und als ich zu mir kam, etwas benommen, hörte ich ihr Schreien. Einer sagte in Englisch:

„Schöne Grüße von deinem Mann. So was macht man nicht mit ihm, sollen wir bestellen. Und dich mal ordentlich durchficken, damit du wieder zu dir kommst. Sollst lernen, was es heißt, nicht zu gehorchen."

Mann, verdammt, hörte ich richtig? Mir tat alles weh, doch als sie wieder schrie, öffnete ich vorsichtig die Augen – das heißt eins, das andere war zu –, um die Lage zu peilen. Der eine lag bewegungslos da, doch der andere lag auf ihr drauf und bediente sich. Ich riss mich zusammen und nahm einen Stein, welcher rechts vor mir lag, und schlug ihm damit auf den Rücken. Hatte keine Kraft mehr und wollte nicht riskieren, sie zu treffen. Sein Schrei übertönte alles. Sie schob ihn von sich runter und stand langsam auf. Mit ihren Absatzschuhen verpasste sie ihm noch zwei, drei Tritte voll ins Gesicht, wobei der Absatz sich in seine Wange bohrte und das Blut herausspritzte. Bin sicher, der Kieferchirurg freute sich später drüber. Dann half sie mir auf.

„Komm", keuchte sie, „wir müssen weg, bevor die andern kommen."

Warum nur gefiel mir Venedig auf einmal doch nicht mehr so gut? Wir rannten, okay, eigentlich taumelten wir zum Casinoboot. Fünf Minuten später stiegen wir ein. Sie steckte dem Bootsführer, der uns verwundert anschaute, etwas zu. Sofort brausten wir Richtung Marco-Polo-Platz, an supertollen Palazzi vorbei, für die ich jedoch in dieser Situation keinen Blick hatte. Langsam trockneten ihre Tränen. Sie sah mich dankend an.

„Weißt du, ich war nie ein Kind von Traurigkeit, wollte schon immer in die Forschung gehen. Erforschte die Jungs, mit dreizehn verlor ich meine Jungfräulichkeit."

„Was, mit dreizehn, da verlieren die Mädels bei uns gerademal die Milchzähne."

Sie sah mich unsicher, sogar ein bisschen beleidigt, an.

„Soll ich weitererzählen? Als Studentin habe ich schon einiges erlebt, selbst eine Vergewaltigung. Habe gelernt, abzuschütteln, doch wie soll es weitergehen?

Ich lasse mich nicht zu seiner Hure machen. Am Canal Grande hier, da waren früher die Palazzi der reichen Adligen, teilweise sogar noch heute."

Kurz davor bogen wir in dem Tempo rechts in einen kleinen Kanal, den Rio de Ca' Foscari, ein.

„Willst du mir meine Grabstelle zeigen? Falls es dein Mann mit den Spezialschuhen bei mir nicht schafft, der, wenn er so weiterfährt, bestimmt."

Wieder ihr hemmungsloses Lachen, als wir an einer gusseisernen, uralten Pforte anlegten. Ein stark verwilderter Vorgarten, der kaum beleuchtet war, erwartete uns. Nach zwanzig Metern, für Venedig schon eine lange Strecke, war in einem Nebengelass ein kleines, nettes Restaurant mit einem hier nicht zu erwartenden schönen, gepflegten Rosengarten.

Sie hatte nicht übertrieben. Hier schien die Zeit um 1800 stehengeblieben zu sein. Alfredo begrüßte sie herzlich, was mir zeigte, dass sie hier oft sein müsse. Meine Bemerkung, als ich bestellte, „Gibt es hier auch Zimmer?", erzürnte Celina etwas.

„Stehst du auf Minuspunkte? Wenn ja, freu dich, hast eben welche bekommen. So eine bin ich nicht!"

„Entschuldigung, hatte ich auch nicht so gemeint. Doch es ist so schön romantisch hier. Viel besser als in meinem Hotel am Markusplatz." Puh, geradeso noch schnell die Kurve gekriegt.

„Darf ich Sie zu einen Versöhnungswein einladen?" fragte ich schnell.

„Wäre das Wenigste, aber nur, wenn ich bezahlen darf."

„Wenn ich es auslegen darf", konterte ich. „Nicht dass man das hier falsch versteht, dass Sie als Signora es bezahlen."

„Deal", sagte sie lachend.

Es wurde ein netter Abend. Getrübt nur durch ihre Erzählungen, dass ihr Ehemann sie wirklich schon mal beim Poker verloren hatte, was sie mir ungeniert erzählte.

„Ich war frisch verheiratet. Gut, ist so etwas wie eine Zweckehe, mein Papa ist Richter, und mein Mann hat, da bin ich sicher, wirklich was mit der Mafia zu tun. Mein Papa meinte nur: ,Töchterchen, wenn du in Venedig bleiben möchtest, wäre es gut für dich, ebenso für Mama, sozusagen genießt ihr dann meinen Schutz.' Mama erklärte: ,Sollte er dich mal verletzen, sag es mir, dann hole ich dich zurück. Komme, was wolle'.

Unerwartet kam nach dem Casinobesuch, auf den Tag genau drei Monate nach meiner Hochzeit, ein Dreckskerl mit zu uns. Er stierte mich schon auf dem Boot immer so an. Doch da ahnte ich noch nichts. Nach einem gemeinsamen Drink meinte mein Mann: ,Geh ins Bad, mache dich schon hübsch für mich. Ich komme gleich nach. Muss nur noch mit ihm was klären.' Dabei sah er mich so nett an, wie ich ihn noch nie sah. Hoffnungsvoll ging ich ins Bad. Meine Laune war schlagartig besser geworden, doch das änderte sich schnell.

Voller Erwartung lag ich verführerisch in dem schwarzen Negligee, was er mir mal schenkte, mit geschlossenen Augen auf der grünen Bettdecke, als die Tür aufging. Ich gestehe, die Hand, die langsam an meinen Beinen hoch zum Busen kam, erregte mich. Auch als er mir den rechten Träger runterzog und meine Busen zärtlich küsste. Doch plötzlich ein Ruck, und er riss mir das Teil vom Körper. Ich wusste ja, mein Mann mag es etwas auf die Brutale. Ich selbst zwar weniger, doch gehörte das bei uns meist zum Vorspiel.

Doch als er ohne Vorwarnung versuchte, da unten seine halbe Hand reinzuschieben, und ich einen eigenartigen

Atem spürte, öffnete ich schockiert meine Augen. Es war weder der Atem meines Mannes noch seine Hand. Entrüstet schrie ich auf. Brachte mir eine Backpfeife ein, wie ich sie zuletzt mit siebzehn von meinem Papa bekam als er hörte, dass ich eine alte Frau vom Moped gestoßen hätte. Tut mir heute noch leid. Lag an den blöden LSD-Tabletten, die wir uns vorher in der Uni einschoben. Brachte Herbert immer mit, und wer sich da raushielt, galt als Schisser und wurde gemieden.

Ich wehrte mich, so gut es ging, bis die Tür aufging und mein Mann mit einem Cognac-Glas in der Tür stand. ,Hab dich nicht so, warst doch auch keine Jungfrau mehr, als ich dich heiratete. Dann kommt es auf einen mehr oder weniger nicht mehr an.' Das war alles, was er dazu sagte, drehte sich um und fletzte sich auf den Sessel vor dem Kamin.

Meine nochmalige Gegenwehr brachte mir einen Faustschlag ein, sodass ich ungewollt im Land der Träume, jedoch der unangenehmen Träume, verschwand. Als ich zu mir kam, spürte ich seinen Schwanz in mir, und den ekligen Geruch seines Atems werde ich nie wieder vergessen, schlimmer als sein Schwanz. Er keuchte wie ein Tier, ich weiß nicht, was mir mehr wehtat, die Schläfe von seinem K.o.-Schlag oder mein Unterleib. Doch das Schlimmste war, dass mein Mann nicht nur tatenlos zusah, er schien es zu genießen."

„Mein Gott, was haben Sie durchgemacht."

„War nicht so schlimm, hab als Studentin auch nichts anbrennen lassen. Doch solche Gewalt, und dass dein eigener Ehemann dich beim Poker als ,Auslöse' benutzt, hätte ich mir nicht mal in Gedanken vorstellen können."

„Und blieb es wenigstens bei dem einen Mal?"

„Leider nein. Fünfeinhalbmal, durfte ich schon stillhalten. Wenn mein Papa das erführe, er würde ihn sofort erschießen. Doch dann würden die unsere ganze Familie ausrotten, diese Bastarde."

Sie tat mir echt leid.

„Und dein Papa?"

„Dem hatte ich es nach dem fünften Mal erzählt. Zwei Tage später fand man den Fünften wirklich im Kanal. Zufälle gibt es hier. Danach war eine Zeitlang Ruhe."

Weil ich nicht wusste, was ich dazu sagen sollte, fragte ich blöderweise:

„Wieso fünfeinhalbmal, was ist das halbe Mal?"

„Heute!"

„Heute?"

„Ja, es war wieder soweit. Wie auch bei den anderen vier Mal rief er mich an, bestellte mich ins Casino, wohl als Preis, oder sollte ich lieber sagen Fleischbeschauung." Eine Träne bahnte sich, als sie erzählte, den Weg über ihre weiche Wange. „Doch heute nahm ich mir vor, ihm eine Szene im Casino zu machen, und dann wollte ich abhauen, aufs Land zu meiner Großtante."

„Aber der lächelte Sie doch im Casino ganz freundlich an."

„Erwartungsvoll von ihm, doch warte mal ab von mir."

„Komme ich nicht ganz mit."

„Du machtest so einen netten Eindruck, dass ich dachte, den will ich, oder den benutze ich, um meinem Mann eins auszuwischen, und ich ließ die Handtasche fallen. Jetzt bist du bestimmt böse mit mir."

„Na, sagen wir mal verwundert. Und warum liege ich nicht im Kanal, sondern sitze mit einer charmanten, hübschen Frau hier bei einem Glas Rotwein?"

„Weil du lustigerweise den Spruch mit den ‚italienischen Spezialschuhen' brachtest. Fand ich witzig von dir, zugleich aber bekam ich auch Angst. Nicht dass er das mit den Schuhen mit mir macht oder du mich vielleicht nur testen solltest. Woher sonst solltest du wissen, dass er bei der Mafia ist?"

„Mann oh Mann, mit meinen vorlauten Sprüchen verbrenne ich mich wirklich noch mal", stöhnte ich gespielt.

„Ja, und als der Typ vorhin zu uns an den Tisch kam und mir ins Ohr flüsterte ‚Heut' Nacht gehörst du mir' wollte ich nur weg."

„Aha, bin ich also wieder mal nur ein Notnagel. Ich hatte gehofft, mein Charme hätte Sie geblendet. Na ja, da muss ich jetzt durch."

„Und dann der Spruch von dir mit dem Zimmer, als sei ich eine Prostituierte, das hat mich getroffen."

„Nein, wo denkst du hin? Ich hätte dich nie bezahlt. Ich dachte, ich bekomme dafür Geld von dir!"
Der Bann war gebrochen. Die Träne an ihrer Wange begann zu trocknen, und sie bot mir endlich das Du an. Ihr Blick wurde freundlich, die Gesichtszüge weich und verführerisch. Dann gab sie mir einen Kuss. Wenn ich daran zurückdenke, japse ich noch heute nach Luft.

Mir war klar, mehr läuft nicht. Konnte doch ihre Situation schlecht ausnutzen. Eigentlich bin ja nicht so ein guter Schwimmer, wenn ich an die Kanäle denke. ☺

„Mein Cousin wird mich hier gleich abholen. Wäre nicht gut, wenn er uns zusammen sieht. Hast du ein Telefon?"

„Ja."

„Und?"

„Was und?"

„Gibst du mir die Nummer?"

„Ja, sag's doch. Wolltest doch lediglich wissen, ob ich eins habe." Merkte jedoch sofort, dass ihr nicht zum Spaßen war.

„Wenn du wiedermal in Venedig bist, mache ich mich ehrlich."

„Wow, wie das denn bitte?" Ich sah sie nett an.

„Kannst es dir aussuchen. Doch bezahlen tue ich dich dafür nicht." Dabei zwinkerte sie nett mit dem einen Auge.

„Schätze, ich gehe jetzt lieber."

„Wir sehen uns bestimmt", und ein nicht minder heißer Kuss besiegelte unseren Abschied.

Ich ging noch etwas spazieren, und unweigerlich zog es mich zu der Kirchenpforte an der San Marcuola, wo der „Boss" sein Quartier hatte. Und richtig, es kamen wieder zwei Typen. Ich blieb hinter einem Brunnen stehen als ich sah, wie der eine zusammengeschlagen wurde.
Leute liefen vorbei, ohne auch nur eine Sekunde stehenzubleiben. Verdammt, was sollte ich machen? Sah ich doch mehrere junge Männer, die mit Sicherheit zu

der Bande gehörten, als mir ein Carabiniere auf die Schulter tippte.

„Tourist, oder?" sagte er in Englisch. „Geh weiter, Sache für uns", befahl er mir.

Ich verschwand, doch an der nächsten Pizzeria machte ich kehrt. Langsam ging ich zurück zur Kirche. Der Carabiniere war weg, und der Typ, welcher zusammengeschlagen wurde, lag nach wie vor an der gleichen Stelle. Drumherum einige Typen, wohl auch Rumänen. Als im Kanal, der unmittelbar neben der Kirche war – ich stand ja an der Brücke –, zwei Boote ankamen. Ich glaube neun Männer sprangen raus und stürmten auf die anderen zu, welche unverzüglich versuchten zu türmen. Aber keine Chance, da von zwei weiteren Seiten auch Männer kamen. Sie waren eingekesselt.

Wollte gerade weglaufen, als ein Mann im Anzug freundlich lächelnd sagte:

„Keine Angst, Tourist, ist nur eine Sache unter uns, doch besser du gehst schnell in dein Hotel. Soll ich dich bringen lassen?"

„Nein, ist schon okay." Ich ging los, voller Angst, denn der Typ war, wenn ich es richtig sehen konnte, der Mann von Celina.

Hatte er mich erkannt? Im Sturmschritt ging ich, mich laufend umdrehend, mit einem kleinen Umweg zum Hotel, um sicher zu sein, dass keiner nachkam. Als ich das in der Hotelbar meinem Nachbarn erzählen wollte, meinte der:

„Stopp! Du irrst dich. Du hast nichts gesehen, glaube mir, ist gesünder für dich."

Ich wechselte noch in dieser Nacht das Hotel. Kann zwar kein Italienisch, kaufte jedoch morgens Zeitungen, doch nichts von dem Vorfall stand drin. Lediglich, dass man in Murano, einer Nachbarinsel, drei schwerverletzte Rumänen gefunden hätte, eine weitere sei auf der Insel Lido angeschwemmt worden...

Nach dem Frühstück, 13 Uhr, wanderte ich durch die Calle Seconda del Cristo, wo ich gestern die Bettlerin sah, und ich traf sie auch wieder. Konnte einfach nicht anders und hielt ihr einen 20-Euro-Schein hin. Aber so, dass sie ihren Kopf heben musste. Denn der Trick bei Betteln ist: Kopftuch, einfach etwas Dreck ins Gesicht und nur nicht hochsehen, weil man sonst erkennen könnte, dass man jung ist!

„Bitte keine Polizei, da sitzt ein Mann von uns." Sie sah unauffällig nach rechts zur Apotheke. „Du guter Mann, gib Schein bitte, ich dann um acht Uhr hier in Fischladen. Ich kommen ja?"
Der 20-Euro-Schein wechselte den Besitzer. Wollte ja nicht, dass sie Ärger bekommt, da sie beobachtet wurde, doch ein Grund war auch: Die Einfahrt, wo sie sich umzog, lag nur einige Meter weiter, und nun hatte ich eine Zeitangabe, wann sie Schluss macht. Ich dachte sofort daran, meine neue Vogelkamera einzusetzen – eine getarnte Kamera für Bäume oder Sträucher, die selbst im Dunkeln einwandfreie Fotos macht, sobald sich was bewegt.

Gegen 19.45 Uhr war sie noch brav am Betteln. Ich kam von der anderen Seite und versteckte die Kamera, denn das würde mir in Berlin sonst sicher keiner glauben:

dass eine „Achtzigjährige" einen so knackigen Busen hat. ☺

Hatte sie, fest und doch weich, und auch der Rest war nicht zu verachten, was ich später feststellen durfte.

Und wirklich, sie verschwand wieder in die Einfahrt. Der Aufpasser war bereits weg. Einige Minuten später kam eine absolute Granate raus, und meine Hoffnung erfüllte sich, denn sie ging Richtung Fischrestaurant und ja, sie war es!

„Kann ich bitte einen Tee?" fragte sie in Englisch. Als sie hörte, ich käme aus Germany, erzählte sie in schlechtem Deutsch.

„Da ich auch schon arbeiten müssen. In Nürnberg mit Männers", fügte sie leise hinzu. Schien sich zu schämen, als sie zufügte: „Musste machen Fickifacki, Schwester auch. Schwester aber viele Glück, geheiratet Mann."

„Was, und das ging einfach so?"

„Einfach immer, wenn Mann bezahlen 5000 Euro. Dann wir nach Wien und jetzt hier arbeiten. Immer schlimmer wenn hell, ich Geld bitten wenn dunkel. Ich muss suchen Männer oder Frauen, egal, die bezahlen."

„Hast du nicht jemanden, wo du hinkannst, einfach abhauen?"

Sie begann zu weinen.

„Josef gestern versucht, haben doll geschlagen wir alle mussten zukucken, dann mit Messer." Sie verstummte vorerst. „Und Lisa, erst dreizehn Jahre, arbeiten schon drei Jahre mit Männer. Haben vor Wochen lassen baden in Wasser für immer. Wollte fliegen."

„Du meinst fliehen?"

Ihre Tränen trockneten, und sie sah auf die Uhr.

„Muss gehen Geld bringen, dann in Disco oder Bahnhof arbeiten, weiß nicht wo, immer anders wegen Mafia. Hier in Venedig viel schwer Probleme mit denen."

„Wo in Disco?"

„Nicht wissen, nicht wichtig. War schein mit dir mit Tee. Danke dir, bist ein guter Mann." Sie gab mir einen Kuss und verschwand.

Ich ging ins Hotel und sah mir die tollen Aufnahmen von ihr im Fernseher an: wirklich, eine traumhafte Figur. Unter anderen Umständen hätte ich bei oder besser mit ihr nur eins im Kopf. Schlimm, was sie so durchmachen muss. Hätte ihr gern geholfen, doch wie? Abends suchte ich fast alle Discos ab, bis mir einfiel, dass sie ja von Bahnhof sprach, und richtig: Volltreffer! Da saß sie mit zwei anderen, sahen alle hübsch aus und warteten wohl auf den „Zug nach nirgendwo".

Als sie mich sah, blitzte es in ihren Augen kurz auf, doch dann sah sie weg. Die anderen lächelten mich an, und die Kleinere, höchstens vierzehn Jahre, sprach mich an.

„Zwanzig Euro alles machen viel schön."

„Und du?" fragte ich meine kleine Bettlerin von heute Abend.

„Auch!" Sie sah mich erfreut an. „Wir gehen Park gleich hier oder Hotel Apatta auch gleich hier. Da 15 Euro zwei Stunden und richtige Duschen. Aber ich müssen zwei Stunden 40 Euro. Sonst Ärga."

Ich sah nach oben, es regnete in Strippen, und eine Besserung schien nicht in Sicht. Habe sonst absolut nichts für Prostituierte übrig, doch sie tat mir nur leid, und ich hatte den Tag zuvor ja im Casino genug gewonnen.

„Okay, komm, lass uns gehen."

Traurig sah uns die Kleine nach, doch als meine „Bettlerin" ihr was zurief, lächelte sie verständnisvoll.

War mehr eine Absteige. Das Schild „Hotel" war die beste Tarnung überhaupt. Doch sie schien glücklich. Es gab sogar eine Elektroheizung, welche sie sofort anmachte.

„Darf ich?" Ohne eine Antwort abzuwarten, bückte sie sich, um meine Hose zu öffnen.

„Nein, lass mal, wollte nur mit dir etwas plaudern."

„Plaudern, was ist das? Darf ich duschan, ich machen schnell?"

„Sicher, gern."

Als sie sich auszog, sah ich nun live ihren makellosen Körper. Völlig ungeniert sprang sie vor mir nackt unter die Dusche, die nicht mal einen Vorhang hatte. Ein wunderbarer Anblick. Langsam fing ich an, Venedig zu lieben. Es klopfte. Eine junge Frau stand vor der Tür mit Getränken, passte. Ich ließ die Flasche Sekt für nur 10 Euro da. Sollte sie doch auch leben, und das könnte ihr die zwei Stunden etwas versüßen.

Nun gab es ein Streit mit „meinem Kumpel", der nicht verstand, warum sie aufhören sollte. Recht hatte er, so eine Hübsche war es. Ich entschloss mich nachzugeben, warum auch nicht. Plötzlich rief sie:

„Jetzt ich weiß, was plaudern ist: machen Liebe zu dritt, oder?" Triefend nass kam sie aus der Dusche, das Handtuch nur in der Hand, und sah sich suchend um.

„Wo ist er?" fragte sie nicht gerade verschüchtert. Musste sie wohl schon oft getan haben.

„Es gibt einen anderen Mann, wieso?"

„Aha, eine Frau, ist viel schöner. Du hast doch gerade mit jemand gesprochen." Sie lächelte sogar.

„Ich? Mann, das war mit meinem Freund da unten", lachte ich. „Der scheint verrückt nach dir zu sein."

„Gut, das ist schön, dass dein ‚Freund', wie du sagst, mich ficken will. Ich werde ganz nett zu dir sein."

„Willst du?" Ich zeigte auf den Sekt.

„Sollten du nicht trinken. Könnte ich den für meine Freundinnen vom Bahnhof mitnehmen? Ich mache auch so gut ficken mit dir."

„Sicher, aber warum nicht trinken?"

„Mädel von uns. Sekt nicht gut, du sehen?" Sie zeigte auf eine kleine Beschädigung am Korken. „Wenn du trinken, schläfst du, und ich muss dir alles wegnehmen, Geld, Uhr, Telefon, sogar Sachen, dass du nicht zu schnell zur Polizei kannst, da du nackt."

„Ach du scheiße. Wäre eine tolle Einlage geworden, ich nackt durch Venedig. Danke dir, bist okay."

Dann schritt sie, immer noch nass, zur Tat. Sie verstand echt was davon. Den Schwanz verwöhnte sie mit ihren Lippen, während ich mit ihren Brüsten spielte – wow, genauso, wie ich es liebe. Sie stehen und sind doch nicht zu hart. Sie gab alles. Über eine Stunde verwöhnte sie mich in allen Stellungen, ich bettelte förmlich um eine

Pause. Mann, die hat mich geschafft und somit gleich noch entschädigt für den Ausfall von Celina.

Obwohl ich mich bei der Vorstellung ertappte, wie ich sie beide oder besser sie es beide vor mir trieben und dich...

Doch nun war ich schon von einer geschafft.

Sie setzte sich auf die braune Ledercouch und begann, von sich zu erzählen.

„Ich bin die Eva aus Sofia. Meine Eltern sind aber aus Rumänien, glaube ich jedenfalls."

„Wieso glauben?"

„Als ich elf Jahre war, haben sie mich im Suff verkauft. Seitdem bin ich mit denen unterwegs."

„Mann, hast es wirklich nicht leicht gehabt. Wenn ich dir was extra gebe, nehmen die dir das bestimmt weg, oder?"

„Nein, musst du nicht, war schön mit dir."

„Mal ehrlich, musst du alles abgeben?"

„Ja, sie wissen ja, dass wir hier sind. Aber ich habe schon über 45 Euro versteckt, Trinkgeld, sagt man so? Wenn ich 200 Euro zusammenhabe, haue ich ab. Entweder es klappt oder ich bringe mich wie Martha um. Sie hat es bereits mit fünfzehn nicht mehr ausgehalten. Ich habe im Park am Bahnhof ein Versteck."

Ich nahm 50 Euro aus der Tasche, schrieb meine Telefonnummer drauf und gab das Geld mit den Worten:

„Ein kleiner Beitrag. Wenn du es geschafft hast und ich dir helfen kann, ruf mich an. Bin morgen leider in Mestre. Weiß nicht, ob ich es schaffe, sonst versuchen wir, uns gegen 20 Uhr wieder im Fischrestaurant zu sehen. Befürchte aber, dass es nicht klappt. Pass auf dich auf, Kleines."

Ich schaffte es doch, sie war aber nicht da. Als ich zum Restaurant tigerte, sah ich sie auch nicht. Drei Tassen Caffè Latte und gefühlte zwei Stunden später, ich saß sichtbar im Bahnhofscafé, kam die Kleine vom Vortag. Ging, ohne mich anzusehen, an mir vorbei, warf aber einen Zettel mit folgendem Inhalt auf den Tisch: „Sie hat Ärger bekommen, ist im Algeriercontainer zum Massenfick gesteckt worden. Gegen 2 Uhr am Hotel, nicht drinnen, vielleicht."

Was das sollte, sah ich später. Völlig verschüchtert saß sie, als ich nach dem Casino dort vorbeiging, einige Meter neben dem Hotel im Parkeingang hinter einem Baum.

„Hab gesagt, hab einen Kunden. Sonst konnte ich nicht weg. Doch nicht ins Hotel, die kennen dich. Komm!" Sie zog mich mit und dann, nach hundert Metern, in eine Art Pavillon, welcher dicht mit Strauchwerk umhüllt war. Das Wetter war sehr gut, kein Wind und trocken.

„Du nicht ficki müssen, ich sage, du nicht gekommen. Muss aber dann bald zurück."

„Quatsch hier." Ich gab ihr 20 Euro. „Aber du musst nichts machen. Doch verdammt, wie siehst du aus? Was haben die im Algeriercontainer mit dir nur gemacht?"

„Nicht die. Waren meine Leute, haben mich vor allen zusammengeschlagen, und dann wurde ich zur Strafe von drei ekligen Schwarzen zusammen gefickt. Weil ich es nicht geschafft habe, dich im Hotel zu beklauen. Sollte für die vier neuen Kinder, alle erst dreizehn Jahre, eine Warnung sein."

„Mein Gott, wenn ich dir nur helfen könnte. Und der Container?"

„Ganz schlimm war der brutale Massenfick, da musste ich alle, die sich anstellten, ranlassen. War schließlich an das Eisenbettgestell gefesselt."

„Was? Wie geht das denn, wie viele waren es?"

„Weiß ich nicht. Nach spätestens zehn Männern lässt du die Augen zu, spürst nur noch Schmerzen überall und betest. Wenn es einen Gott gibt, dann hat er mich nicht lieb. Warum lässt er das zu? Auch die Kleine musste schon mal in den Container. War danach drei Wochen schwer krank und lag in unserem Keller, wir dachten alle, dass sie stirbt. Dagegen hatte ich noch Glück." Sie lächelte, obwohl ihre Lippe angeschwollen war, und ein Veilchen, und was für eins, hatte sie auch.

„Schau mal." Sie zog sich aus und zeigte mir die Flecken an Busen und Schenkel. Unten blutete sie sogar.

„Darf ich dich heute nur blasen, weil alles so wehtut? Wollte dich aber gern sehen", schob sie ängstlich nach.

„Nein, spinnst du? Du machst nichts. Ist okay. Komm, willst du einen Kaffee oder was essen?"

„Tee ja. Essen geht nicht, mir tut alles weh. Was meinst du, was die alles mit uns machen."

„Kennst du zufällig ein kleines Restaurant mit einem Alfredo in einer Remise?"

„Nein, warum?"

„Ich muss morgen weg. Aber ich habe da eine Idee. Kenne hier sonst niemanden, doch der scheint ein Netter zu sein. Ich würde da eine Nachricht hinterlassen, falls ich was erreiche. Frage nach Filippo. Ich komme Mitte Dezember zurück, und dann buche ich dich eine ganze Nacht. Mal sehen, was wir da machen."

„Na ganz viel Ficki, ich mache dann alles, hörst du. Oh, eine ganze Nacht nicht auf die Straße müssen ist ja fast wie Weihnachten", schwärmte sie. Dann wurde sie ernst. „Doch du kommst doch nicht, sagen alle. Nie, weißt du nie, kam einer wieder."

„Ich heiße nicht nie, und ich komme."

„Willst du nicht wenigstens meine kleinen Brüste küssen? Ich komme mir so mit Nichtsmachen schlecht vor."

Sie hob den Pulli wieder hoch – vorsichtig. Ich merkte, dass ihr auch die Brüste wehtaten und küsste diese zärtlich, gab ihr noch einen Kuss und ein Feuerzeug, was nicht funktionierte.

„Hebe es gut auf, schmeiße es nicht weg, ist wie ein Talisman, es wird dir helfen. Gehe am besten jede Woche zu Alfredo und frage, ob ich mich gemeldet habe. Solltest du den Standort wechseln, sage ihm Bescheid, ja?"

Sie nickte. Ihr dankbares Lächeln trotz Tränen zum Abschied verpflichtete mich irgendwie. Sie tat mir verdammt leid, doch was sollte ich tun?

Am nächsten Tag fuhr ich, bevor ich meine Frau vom Flugplatz abholte, mit dem Wassertaxi bei Alfredo vorbei. Er hatte noch zu, doch war dabei, frischen Fisch auszuladen.

„Kennen Sie mich noch?"

„Sie waren doch mit der Tochter vom Richter vorgestern hier."

„Ich habe eine große Bitte."

Ich erzählte ihm kurz, worum es ging, und sein freundliches „Sicher, mache ich gern" beruhigte mich.

„Übrigens ist die seit zwei Tagen nicht mehr nach Haus gekommen, wissen Sie was darüber?"

„Nicht wirklich. Doch ich würde mir keinen Kopf machen", sagte ich ihm.

Er verstand, was ich an seinem Lächeln erkennen konnte. Sie hatte es wohl wahrgemacht und ist zu ihrem Cousin.

Zwischenstopp in Neapel

Pünktlich gegen 18 Uhr legten wir in Venedig ab. Wir hatten eine geile Suite mit allem Schnickschnack. Die Laune meiner Frau besserte sich schlagartig. War etwas verstimmt, weil ich zu spät zum Flughafen kam. Am Abend bei Kapitänsdinner meldete sich mein Handy. Celina teilte mir nur mit, dass sie in Neapel bei ihrem Cousin sei und alles okay sei:

„Hast ja jetzt meine Nummer, melde dich. Ach so, unbekannterweise Grüße an deine Frau. Sagtest du nicht, ihr kommt in Neapel vorbei, wenn ihr da anlegen solltet?

Wäre supergeil. Sag Bescheid, treffen wir uns zum Essen."

„Schatz, legen wir in Neapel an?"

„Nicht nur das, wir bleiben über Nacht."

„Gut Celina, ich melde mich später, okay?"

„Mach das."

„Sage mal, die Celina ist eine Nette, wollen wir...?"

„Geschenkt, und hast du sie schon vernascht?" fragte sie lachend.

„Nö, hat sich nicht ergeben. Wäre auch nicht sehr kribbelnd zwischen Mafiosi und Rumänenbanden."

Nach dem Essen nahmen wir noch einen Absacker in der Bar auf dem Pooldeck, wo ich über meine Erlebnisse, auch mit der kleinen Rumänin, erzählte.

„Ach mein kleiner Held, um sie zu retten hast du es natürlich mit ihr getrieben. Ich liebe dich und deine Heldentaten", fügte sie in einem ironischen Unterton zu.

„Danke, mein Schatz, ich wusste, dass du mich verstehst."

Mir ist nicht verborgen geblieben, wie meine Frau die kleine Rothaarige vom Barservice ansah. Lag sicher auch daran, dass sie sich ausmalte, wie ich die Kleine vernasche. Meist, wenn wir solche Gespräche haben, wird sie schnell heiß. War mir mehr als recht. Besser als wenn sie mir eine Szene machen würde, und gegen einen Dreier, wer kann da was gegen haben? ☺ Wir stimmen sehr oft mit unseren erotischen Ideen überein. Das Leben ist kurz. Man soll es so nehmen, wie es kommt. Solange man seinem Partner nicht wehtut!

Unerwartet riss sie mich aus meinen Träumen, als sie mir mitteilte:

„Ich habe einen Brief mit für dich von unserem ‚Reisesponsor' wegen der Überseebesitzrechte. Er befürchtet, dass der jetzige Gouverneur falschspielt. Soll ein ganz brutaler Hund sei. Er würde verstehen, wenn du einen Rückzieher machen würdest, soll ich dir ausrichten. Die Kreuzfahrt sollen wir trotzdem genießen."

„Bin ich ein Schmarotzer oder was?"

„Nein, doch wenn er uns dort ins Gefängnis steckt, wäre keinem geholfen."

„Wieso uns, du hältst dich da sowieso raus. Ist allein mein Bier!"

Strahlender Sonnenschein erwartete uns in Neapel. Als wir durch die Innenstadt kamen, war es meine Frau, die meinte:

„Ruf doch deine neue Bekannte an, können ja einen Kaffee zusammen trinken. Würde sie auch gern kennenlernen. Vielleicht kann ich sie etwas über die böse Männerwelt hinwegtrösten."

Dabei sah sie mich verführerisch an. Ich kenne diesen Blick, hatte sie wohl neugierig gemacht.

Es klappte. Schon eine halbe Stunde später trafen wir uns am alten Stadttor, wo Celina mit einem gutaussehenden Mann um die vierzig in einem offenen Daimler vorfuhr.

„Ich habe meinen anderen Cousin als Fahrer mitgebracht, traue mich hier in der Großstadt nicht, selbst zu fahren, geht das klar?"

„Und ob. Toll, dass Sie auch an mich gedacht haben", lachte meine Frau und begrüßte mit einem für meine Verhältnisse viel zu netten Lächeln den Cousin. Sie gab Celina die Hand und meinte:

„Dann müssen Sie erst mal in Berlin fahren, ist noch ein bisschen größer."

„Wenn Sie mich einladen und Sie es mir zeigen, gern", konterte diese.

„Darf ich Sie in einen herrlichen Schlossgarten zum zweiten Frühstück verführen?" fragte der Cousin in gebrochenem Deutsch.

„Ver- oder entführen, das ist hier die Frage, um mit Shakespeares Gedanken zu antworten?" Niedlich, wie er rot wurde. Ohne darauf zu antworten – war ihm wohl peinlich, der Freudsche Versprecher – stieg er aus und klappte seinen Rücksitz vor, damit meine Frau einsteigen konnte. Celina selbst kletterte einfach über den Sitz nach hinten. Es war nicht weit, und die Aussicht war wirklich wunderbar. Die Frauen verstanden sich auf Anhieb, und Celinas Einladung zum Dinner auf ihren Landsitz nahm meine Frau mit einem lächelnden Blick zu mir und Celina an.

„Gut, lasse Sie gegen 18 Uhr vom Schiff abholen, wenn es recht ist."

„Ist es, gern."

Auf dem Weg zu unserer Suite war meine Frau wie ausgewechselt. Entspannt und... Ja, auch das bekam ich bei wildem Sex sofort in der Kabine zu spüren.

„Hey, hat er dich so inspiriert?" fragte ich erschöpft, als wir uns beide in der Dusche frischmachten.

„Wieso er?" Sie sah mich mit einem Blick an, der viel versprach, bevor sie langsam in der Dusche runterrutschte, um meinen kleinen Freund zu motivieren. Nass, wie sie war, trug ich sie zum Bett, wo sie ihre Motivation fortsetzte.

Erschrocken sah sie auf die Uhr und rannte ins Bad.
„Schatz, wir haben nur eine Stunde zum Anziehen."
Mein Gott, in dieser Zeit würde der Mann was weiß ich alles schaffen. Frauen sind da halt anders gestrickt. Aber es hatte sich mehr als gelohnt, sie sah einfach Sahne aus. Ihr langes Schwarzes mit einer für meine Begriffe zu durchsichtigen Bluse, wo sie zum Glück noch ein schwarzes Jäckchen drüberzog, verdeckte gerade ihren schönen Busen, jedoch nur, wenn sie dieses zuhielt.
Na, wird ja ein toller Abend. Sie mit einer Hand immer an der Bluse, oder sollte ich da was verpasst haben? Hat es ihr der Cousin angetan? Will sie mir zeigen, dass sie auch flirten kann?
Ein alter silbergrauer Bentley erwartete uns mit Chauffeur an der Pier. Es war eine gute Stunde zu fahren, immer an der Küste lang, bevor wir durch ein altes schmiedeeisernes Tor fuhren – beeindruckend, wie ein Schloss. Sekunden später kam die Bestätigung: Es war ein Schloss. Ihre Tante hatte in eine alte papsttreue Adelsfamilie eingeheiratet.
Als wären wir in einem Film, erwartete uns der Cousin auf der breiten, ausgetretenen Treppe, auf der sicher weiß ich schon wer alles geschritten ist, und begrüßte meine Frau mit einem Lächeln und elegantem Handkuss.
Im Salon stand Celina in einem langen, enganliegenden,

bezaubernden roten Kleid. Wie in Venedig wieder mit einem Ausschnitt, welcher die Farbe ihrer Wäsche verriet, sofern sie überhaupt welche drunter hatte. ☺ Der Hinweis des Cousins, „Ist sie nicht eine bezaubernde rote Witwe?", ließ mich stutzen.

„Witwe, habe ich da was versäumt?"

„Ja, er hat den Anschlag nur einen Tag überlebt. Papa hatte alle Register gezogen. Auch seine Freunde nahmen ihm übel, dass er mit Rumänen arbeitete. Sein Fehler und mein Glück." Dabei war ihr Gesichtsausdruck kurz ernst. „Aber ich weine diesem Schwein keine Träne nach. Kommt, lasst uns das feiern und eine schöne Nacht beziehungsweise einen schönen Abend verbringen. Ihr bleibt doch? Deine Frau ist ja eine so Hübsche, lasst uns den Abend genießen."

„Den Abend oder meine Frau?"

„Am besten beides", lachte sie.

„War nicht so geplant, nein, glaube nicht, obwohl, bei diesem tollen Angebot", konterte Heidi.

„Aha, jetzt verstehe ich, warum sie eine Stunde im Bad war. Wir brauchen keine zehn Minuten, da hat der liebe Gott schon für gesorgt. Männer sind eben von Natur aus hübscher. Das beste Beispiel zeigt uns die Tierwelt, wo auch die männlichen Tiere die bunteren sind."

„Träum mal weiter", lachte Celina. „Ich brauche auch lange im Bad. Aber wer weiß, was wir da wirklich machen? Ich habe eine ganze Kiste Spielsachen im Badezimmerschrank", meinte sie.

„Okay, aber meine Frau nicht, jedenfalls nicht auf dem Kreuzfahrtschiff."

„Ja, aber einen schönen warmen Duschkopf gibt's doch da sicher auch?" Sie lächelte meine Frau an.

„Na na, spann mir mal nicht die Frau aus, sonst muss ich das von dir holen. Übrigens, wie verhütest du?"

„Mach's meistens ohne, wieso?"

„Was, ohne Verhütungsmittel?"

„Nein, ohne Männer!" Sie wandte sich zu Heidi, die herzhaft über diesen Gag lachte. „Lassen wir die Männer doch denken, was sie wollen, wir kommen auch gut ohne die klar, oder? Kommt erst mal weiter zum Essen. Tantchen wartet, will ins Bett."

Eine Tafel wie bei Herrschaften für nur fünf Personen, denn seine Mutter, auch Witwe, saß am Ende des Tisches, wie beim „Dinner for one". Als wir sie begrüßten, meinte Celina:

„Nur nicken und lächeln, sie ist taub, versteht euch nicht."

Bereits nach dem Gänsebraten zog sich die alte Dame zurück, da sie früh zu Bett geht.

„Steht dafür auch immer mit dem Hahn schon auf", meinte der Cousin.

Das Dessert war großartig. Meine Frau passte bereits nach dem Eis, als der Cousin auf sie zuging und meinte:

„Gnädige Frau, aber Süßes ist gut für die Liebe. Sie müssen unbedingt diese köstlichen, wir nennen sie hier Liebestrauben, probieren. Darf ich?", und er schob ihr eine in den Mund.

„Nennen Sie mich bitte Heidi, ich komme mir sonst so uralt vor." Und köstlich war ihr Zeichen, ihr weitere in den Mund zu schieben. Bis ihr „Mein Gott, ich platze, es wird zuviel" kam.

„Wieso, Madame? Von Liebe kann man nie genug bekommen."

„Von Liebe vielleicht nie, aber vom Essen."

„Darf ich Sie in den Garten führen? War es jetzt richtig gesprochen?"

„Er meint sicher verführen, Celina, oder?"

„Wetten, das nicht! Was bekomme ich, wenn ich recht behalte?"

Mit einem Auge beobachtete ich die weiteren Flirtversuche des Cousins.

„Bestimm du es."

„Gut, wenn ich recht behalte, bekommst du deinen Finderlohn, und wenn nicht, du vielleicht eine schwangere Frau zurück."

Dabei lachte sie so herzhaft, dass ich mitlachen musste, obwohl mir bei diesem Gedanken nicht gerade danach war.

„Dürfen wir mitlachen?" fragte Heidi.

„Habe Ihrem Mann nur soeben seinen Finderlohn angeboten."

„Hallo, und ich? Wir teilen alles."

„Gut, wäre mir auch recht, komme gern drauf zurück."

„Worauf bitte genau?" Heidi lachte.

„Sie möchte dich auch gern vernaschen", warf ich einen Ton zu laut dazwischen.

„Und wo liegt das Problem?"

„Dass er dann bestimmt auch will", melde ich mich zu Wort.

„Ja, mein Schatz, man muss für alles im Leben bezahlen. Erst mal möchte er mir jedoch nur den Park zeigen."

Aber ob es dabei bleiben wird? Vielleicht verfehlen diese Liebestrauben wirklich nicht ihre Wirkung...

Sie sah mich lächelnd an. Ich kannte dieses Lächeln, so schaut sie immer, wenn sie geil ist.

Lustig nahm sie seine Hand, und sie gingen Richtung Park, nicht ohne sich nochmal lächelnd zu mir umzudrehen. ‚Sie wird doch nicht etwa?' dachte ich, als Celina mich ebenso an die Hand nahm und meinte:

„Komm, ich zeige dir das Schloss."

„Hätte auch gern den Park gesehen", sagte ich leise. Sie lachte und meinte:

„Den Park oder mich? Musst dich entscheiden. Ach so ja, und falls es bei der Entscheidung hilfreich ist: Mein Cousin ist stockschwul."

„Was, wirklich?"

„So wahr ich Witwe bin. Soll ich dir das Schlafzimmer zeigen, da siehst du alles?"

„Wie alles?"

„Na, wenn du möchtest mich, aber wenn du aus dem Fenster schaust ebenso den ganzen Park. Rechts neben der Gardine befindet sich sogar ein Schalter, von dem aus man die gesamte Parkbeleuchtung anmachen kann."

Mein Gesichtsausdruck muss sich schlagartig aufgehellt haben, denn ihr Augenzwinkern sagte mir: Ich bekomme meinen Finderlohn. Das Schlafzimmer, wow, ein Riesenteil. Mitten im Raum ein altes, verziertes weißes Bett, bestimmt zweimal so groß wie ein Doppelbett, alles bombastisch und bestimmt fünfzig Zentimeter höher als ein normales, erschlägt einen fast.

„Zu zweit im Bett, da verliert man sich ja."

„Wer sagt denn, dass Tantchens Vorfahren oder wir nur zu zweit im Bett sind, wie langweilig und

57

spießig. Schon mal was von freier Liebe gehört? Mach mal die Augen zu." Doch gleich darauf, keine Sekunde später: „Kannst sie wieder aufmachen."

Da stand sie! Völlig nackt. Das Kleid hatte sie nur von den Schultern geschoben, dadurch rutschte es ohne ihr Zutun zu Boden. Was ich da sah, entschädigte mich für die ganzen letzten Unannehmlichkeiten mit ihr.

„Würdest du denn deinen Finderlohn von einer geschändeten Witwe überhaupt annehmen?"

„Danke, nein. Niemals von einer geschändeten Witwe." Ihr Blick war Gold wert, hihi. „Doch von dir gern, warst ja zum Zeitpunkt deiner Schändung, welche ich nicht in der Lage war zu verhindern, noch nicht Witwe!"

„Touché!" Jetzt hast du mich gekriegt." Langsam kam sie auf mich zu.

„Darf ich das als Gentleman ablehnen, Celina? Nein, oder?"

„Wenn du den Abend überleben möchtest, besser nicht. Mein Cousin ist mir treu ergeben. Ich brauche nur rufen, dass du mich vergewaltigen wolltest, und er wird dich töten, um unsere Familienehre zu retten." Sie lächelte fragend.

„Okay, da ich ein Angsthase bin und er meine Frau als Pfand hat, was bleibt mir übrig? Aber nur unter Protest."

„Protestiere nur, soviel du willst, aber nimm mich endlich, bevor ich mich an deiner Frau vergreife."

„Auch ein verlockendes Angebot", kam mir gerade noch über die Lippen, als sie diese jetzt durch einen innigen Kuss verschloss, den wir erst beendeten, nachdem ich sie auf dem Teppich vögelte. Sie keuchte:

„Das war erst die Anzahlung. Ich bin ausgehungert. Lass uns auf den Balkon gehen."

„So?"

„Warum nicht? Angst, deine Frau sieht uns so?"

„Nein, sie wird höchstens neidisch werden oder mitmachen wollen. Nur, was würde dein Cousin dazu sagen?"

„Kannst dich gleich überzeugen, komm." Sie nahm mich an der Hand und schob mich raus.

Kaum waren wir draußen, schrie sie auf!

„Sieh dir das an!"

Ihr angeblich stockschwuler Cousin lag fast auf meiner Frau drauf und bedrängte sie. Celina rief was auf Italienisch. Nackt, wie sie war, kletterte sie übers Geländer und am Weingitter runter. Wie ein Wiesel rannte sie zu den beiden hin.

Ich nicht! War mehr schockiert. Hatte doch meine Frau keinen Pieps gesagt. Also muss es ihr auch gefallen haben. Außerdem ist sie eine super Karatekämpferin, hat mehrere Grade! Sorgen machte ich mir nicht. Doch was wird hier gespielt? Machen die uns was vor? Ist sie nun Witwe oder nicht? Ich zweifelte langsam alles an.

Celina war angekommen und riss Alfonso, so hieß ihr Cousin, von ihr weg, nahm Heidi an die Hand und kam wieder ins Schloss. Ein toller Anblick, eine Splitternackte und eine Angezogene (noch).

Als sie oben waren, lachten beide, und Heidi meinte:

„Du bist wunderschön, Celina, und nun, wie geht's weiter?"

„Ich verstehe die Welt nicht mehr. Hat er dich bedrängt im Park, oder was war das?"

„Nein, hätte er es mal", lachte Heidi. „War ein Spaß, wollten sehen, wie ihr reagiert, wollten euch einfach nur stören."

„Wobei stören?"

„Dabei." Sie zeigte auf uns, denn ich war ja auch noch nackt.

Celina zog sie zu sich ran und hob langsam Heidis Bluse an. Ihre Brüste, welche immer noch stehen wie eine Eins, kamen zum Vorschein und ließen Celina aufstöhnen.

„Oh, so was Hübsches willst du mir verbergen?"

„Will ich das?"

Alfonso stand in der Tür und pfiff gegeistert. Heidi drehte sich zu ihm und verdeckte nur halbherzig ihre Brust.

„Alfonso, willst du unserem Besuch nicht aus dem Rock helfen?"

Heidi dreht sich um, sah uns beide an und fragte wieder leise, doch schon fast bestätigend:

„Will ich das?"

„Sicher, meine Hübsche. Ich schaffe ihn nicht allein."

Alfonso war von hinten an Heidi herangetreten und öffnete an ihrem langen schwarzen Rock den Reißverschluss. Sie unternahm nichts, sah mich nur fragend an, wie ‚Geht das okay?'. Ich zuckte unsicher mit den Schultern.

„Doch, du willst ganz sicher, du Hübsche. Darf ich?"

Ohne eine Antwort abzuwarten, zog Celina Heidis Tanga langsam runter. Muss Erfahrung drin haben, denn sie ließ ihr genügend Zeit, Einspruch einzulegen. Dabei sah sie meine Frau verführerisch an. Nun waren wir alle nackt. Heidi drehte sich ungeniert zu Alfonso um und fragte, dabei Celina zusehend:

„Und er? Soll er zu kurz kommen?"

„Wenn du deinen Mann opfern möchtest nicht. Mit dir kann er nicht viel anfangen, meine Liebe."

„Bist du sicher?"

„Und ob, ja."

„Dann aber raus! Spannen läuft bei mir nicht."

Wow, so kannte ich meine Frau noch gar nicht. Die kann ja richtig direkt sein. Es war ihr anzusehen, dass sie geil war.

Wir sind uns in unserer Ehe einig: Sie gibt mir viel Freiraum, und wenn sie was macht, nur mit mir zusammen!

Mit einem Ruck und einem charmanten Lächeln hob Alfonso Heidi an und warf sie liebevoll mitten auf das große Bett. Dann meinte er:

„Du siehst so zauberhaft aus, dass ich fast in Versuchung gekommen wäre. Wenn ihr mich braucht, ruft mich, ich bin in Hörweite im Nebenraum. Darf ich wenigstens lauschen?" Dabei sah er Heidi innig und freundlich an, bevor er sich umdrehte, um den Raum zu verlassen.

„Kannst gern bleiben, war nicht so gemeint, wollte dir damit nur zu verstehen geben, gegen ein aktives Beisein hätte ich nichts." Dabei lächelte sie ihn nicht weniger verführerisch an.

Als Celina sich neben Heidi aufs Bett warf, verließ er stöhnend den Raum.

„Der Arme", flüsterte sie Celina zu. „Ist hübsch und hat alles, was man braucht, nur mich verschmäht er."

„Nein, so darfst du das nicht sehen, er ist halt vom ‚andern Ufer'. So wie er dich ansah und sogar auszog, habe ich meinen Cousin noch nie gesehen. Ich glaube, du bist eine, die ihn kurieren könnte." Dabei streichelte sie zärtlich Heidis Brüste.

„Nun lasst ihn mal, ist doch keine Krankheit, wenn er nicht will", sagte ich etwas mürrisch und wollte gerade zu den beiden aufs Bett klettern. Ein „Bleib!" von Celina ließ mich zurückschrecken.

„Setz dich in den Sessel, du sollst erst leiden."
Und das tat ich, echt. Zuzusehen, wie sie meine Frau verführte, war göttlich. Mein Freund da unten sah es jedoch anders. Beide lagen nebeneinander auf dem Rücken und streichelten sich gegenseitig, bis Celina Heidis Lippen suchte. Ich genoss ja vorhin bereits ihre tolle, geile Kussleidenschaft.
So kannte ich meine Frau noch nicht. Wie ungeniert sie aus sich rausging, verunsicherte mich zwar ein wenig, machte mich aber umso geiler, wenn es überhaupt noch möglich war. Es dauerte nicht lange. Als ihre Hände sie unten verwöhnten, war es um sie geschehen. Wild trieben sie es vor mir, sodass ich unweigerlich versuchte, meinen Freund etwas zu beruhigen.
Verschüchtert stoppte ich. Sieht Alfonso eventuell von nebenan zu? Nicht dass er denkt, das wäre der Zeitpunkt für einen Einsatz und er kommt zu mir. Das wäre das Letzte für mich. Zu dritt, sogar mit mehreren Männern und einer Frau, alles hatte ich schon genussvoll erlebt.

Doch mit einem Mann selbst, nie! Der liebe Gott mag mich davor behüten.

Das Stöhnen der Frauen – einfach herrlich.

„Ich brauche einen Mann", stöhnte meine Frau, während Celina längst etwas tiefer gerutscht war, um ihre Lustgrotte zu küssen.

Täuschte ich mich oder forderte sie es eine Tonlage zu laut, ich sitze schließlich unmittelbar daneben? Dachte sie etwa an Alfonso? Celina reagierte schnell, hatte wohl in diesem Moment noch den klareren Kopf:

„Kommst du, wollen wir deine Frau richtig geil machen und es vor ihr treiben?"

„Ja bitte, komm. Mach es Celina. Sie ist so süß."

Beruhigt legte ich mich dazu, als Celina sich sofort in Reiterstellung auf mich setzte. Heidi half meinem Schwanz, schnell ihre feuchte Muschi zu finden. Kaum war er drin, hörten wir ein lautes Stöhnen aus dem Nebenzimmer. Erst da bemerkte ich, dass die Tür, einen Spalt offen war. Heidi setze sich auch auf mich, dicht hinter Celina, und drückte ihre Brüste fest an deren Rücken, während ihre Hände Celinas Brüste massierten. War es Zufall, dass wir so lagen? Dass Alfonso Heidi von vorn sehen konnte? Und wieder tauchte die Frage für mich auf: Spielen die nur mit uns, ist er überhaupt nicht schwul? Wie wird es weitergehen, wie wird es enden? Sollte ich stoppen? Andersrum war es wundervoll, sie beide so zu sehen, und hat nicht meine Frau auch das gleiche Recht, was zu erleben bzw. es zu stoppen?

Plötzlich knallte es mehrmals, es klang wie Schüsse. Es waren Schüsse, sodass nicht nur Celina sofort aus dem Bett sprang und rief:

„Los, kommt, schnell! Wir müssen weg!"

Die Tür ging auf. Alfonso stand mit einer Waffe (und einer Latte) da. Wer weiß, was er gerade damit gemacht hatte, sicher gespannt und sich dabei... Er schrie was auf Italienisch, konnte so was wie „Familie" verstehen. Im Rennen griff ich die Sachen von Heidi sowie meine und rannte den Dreien hinterher – ein Bild für Götter. Alfonso nackt vorneweg mit einem Gewehr, dann Celina und Heidi nackt. Als letzter ich mit einer Handvoll Sachen. Die Schüsse wurden mehr, als wir einen Geheimgang erreichten.

„Schnell da rein, sind bestimmt welche von seiner, also meines toten Mannes Familie. Die wollen Blutgeld. Hoffe, sie erwischen Tantchen nicht."

Es war kalt und dunkel. Celina und ihr Cousin hatten eine Taschenlampe in der Hand und schmissen Heidi und mir ebenso eine zu. Waren in einer Nische deponiert. Scheint eine Art Fluchtweg zu sein. Nach gefühlten zwei Kilometern, die Schüsse waren nicht mehr zu hören, erreichten wir einen Keller, der in einem alten Haus, einer Ruine, endete. Da standen wir nun alle nackt. Alfonso gab ein Zeichen, wir sollten warten. Nackt sprang er in die obere Etage, um zu sehen, ob die Luft rein war. Celina begann fürchterlich zu lachen, als sie sich umsah.

„Ein Bild für Götter, wenn ich euch so sehe. Scheint vorbei zu sein, das Feuerwerk. Der arme Alfonso. Die haben ihn bestimmt dabei gestört, wie er sich... Gibt da einen doppelseitigen Spiegel im Zimmer, durch den er uns beobachten konnte."

„In echt?" fragte Heidi etwas empört.

„Du siehst nicht besser aus als Alfonso, nur dass ich wenigstens Sachen zum Anziehen habe. Ha, schon mal gehört: Wer zuletzt lacht, lacht am besten", gebe ich noch meinen Senf dazu.

Alfonso kam zurück und gab das Zeichen für „alles gut".

„Es ist ruhig, nur unklar, wer die besseren Karten hat", murmelte er vor sich hin.

„Wir hatten den Besuch erwartet und waren gut vorbereitet. Tantchens Familie hat sich seit ich hier bin im Sommerschloss gleich unten am Eingang einquartiert. Alles halb so schlimm. Als Nächstes wird über die Blutsumme verhandelt. Dann ist alles gut."

„Na toll auch, wo hast du mich hier reingeritten? Was kommt nun, wollen wir nackt zum Schiff trampen?" Heidi war etwas angesäuert.

Celina sah zu Alfonso.

„Ist unser Transport gesichert?"

„Sicher."

„Wie denn, wollen wir so trampen?" frage ich.

„Kein Problem, doch ich muss euch bitten zu schwören, dass ihr das hier niemanden sagt oder zeigt. Ist unsere Lebensversicherung hier. Auch Tantchen ihre."

„Logisch, Ehrensache."

„Hab übrigens was zum Verteilen." Ich legte unsere Sachen auf den Boden.

„Bedient euch!"

„Mann, ist ja wie Weihnachten", sagte Heidi, die sich wieder etwas beruhigt hatte.

Sie nahm ihren Rock und hielt Celina ihren Slip und die Bluse hin. Ich machte es ihr nach und gab Alfonso mein Hemd. Hab ja noch die Jacke. Da mein Hemd lang war, verdeckte es sogar Alfonsos bestes Stück!
„Kommt, helfen wir Alfonso."

„Wieso das nicht?"
„Wegen der Schwerkraft, weil sie zu sehr in Bodennähe hängen."
Celina lachte sich, als sie es geschnallt hatte, fast kaputt.

Heidi intervenierte:
Brüste ließen selbst in dieser Situation mein Herz schneller schlagen.
„Hm, bei Bodenfrost sollte sie lieber nicht ohne BH gehen", sagte ich spaßig zu Celina.

Im Nebenkeller, hinter einer Kiste, war eine Art Zahnrad mit Kurbel versteckt, wo wir uns sofort ranmachten.

Wurde, da es nicht mehr benutzt wird, zum Veröffentlichen genehmigt

Sah schon komisch aus, Heidi mit freiem Busen und Celina im Slip. Alfonso rannte raus, um von draußen was zu lösen. Gemeinsam drehten wir, und eine komplette

Steinwand bewegte sich zur Seite. Alles war auf einer Art Gleitschiene gelagert. Dahinter ein kleiner Jeep, daneben die nächste Kurbel, und eine weitere Wand, besser gesagt ein Steinhaufen, bewegte sich ebenso zur Seite. Es wurde hell, wir blickten auf die Straße. Ich pfiff und sagte lobend:

„Mann, eine irre Einlage, super getarnt."

„Ist hier unsere Lebensversicherung", sagte Celina.

Sie setzte sich ans Steuer des Jeep, der sofort ansprang.

„Ist Alfonsos Idee gewesen, das Versteck. Der Gang ist allerdings schon über 150 Jahre alt. Er überprüft den Jeep einmal die Woche. Seht ihr, das zahlt sich heute aus."

Wir fuhren Richtung Hafen, während ich überlegte, wie wir an Bord kommen sollten. Okay, ich ohne Hemd ist kein Problem, doch meine Frau ohne Bluse – ist schon etwas gewöhnungsbedürftig. An der nächsten Ecke befand sich eine Eisdiele, vor der eine Polizistin den Verkehr regelte. Alfonso winkte sie ran. Verwundert schaute sie auf Heidis Busen. Ein 500-Euro-Schein wechselte den Besitzer, und sie stieg zu den Frauen hinten mit ein. Kurz danach kam eine Einfahrt, wo wir reinfuhren. Grinsend zog sie ihre Uniformjacke und dann auch die Bluse aus und gab diese Heidi. Hübsche kräftige

„Hallo, wie soll ich damit an Bord kommen? Die denken doch glatt, ich hätte eine Polizistin gekillt."

„Stimmt", bestätigte Celina.

„Dann nimm meine."

Es fand ein geiler Ringtausch statt. Gern hätte ich mit dem Handy Fotos gemacht, doch der Blick der Polizistin wurde finster.

„Okay, okay, war ein Witz", werfe ich ein und stecke mein Handy wieder ein.

Die Polizistin zog ihre Uniformjacke über, wobei sie keine Eile hatte. Sah trotzdem irgendwie supergeil aus.

„Super gemacht, Alfonso." Celina gab ihm ein Kuss, dem sich Heidi anschloss. Und ja, auch die Polizistin.

„Bin mit ihr auf der Musikschule gewesen. Kenne sie gut, sie ist eine, die das Wort Hemmungen nicht kennt. Und den Rest machten die 500 Euro."

„Und wo hattest du die her, warst doch völlig nackt?"

„Hier sieh", er zeigte auf seine Tür und deren Seitenwand. „Und auch hier, hinter dem Innenleben des Radios."

Dort lagen ein weiteres Bündel Geld und eine Waffe.

„Aha, also die Marschverpflegung, verstehe."

Die Polizistin stieg aus, und wir brausten weiter zum Hafen, wo wir uns herzlich verabschiedeten.

Heidi meinte noch:

„Schlage vor, das nächste Treffen dann lieber in Berlin. Ist dort etwas ruhiger, und wir werden nicht gestört, wenn es am schönsten ist. Und Alfonso braucht nicht nebenan spannen. Von mir aus kann er zusehen oder auch mehr. Vielleicht kriege ich ihn dann doch noch zum richtigen Ufer zurück."

Die nächsten Tage an Bord brauchten wir echt zum Entspannen, so etwas erlebt man schließlich nicht alle Tage, sind wir doch bei dem anfangs wundervollen erotischen Abend in einen Mafiafamilienkrieg geraten. Scheint nicht selten zu sein. Warum sonst hatte Alfonso so einen geilen Fluchtweg vorbereitet. Übrigen hörten wir, als wir mit Celina telefonierten, dass ihr Tantchen von allem nichts mitbekommen hatte.

„Scheint also auch Vorteile zu haben, taub zu sein, war trotzdem schön, euch zuzusehen, Celina."

„Meinte deine Frau das ernst mit Berlin? Würde gern mal nach Berlin fliegen, und sie ist so eine nette, hübsche Frau und super anpassungsfähig. Sie müsste mal mit zur erotischen Woche des Karnevals in Venedig kommen, da geht's hoch her. Maske wird nie abgenommen, selbst nicht im Bett. Alles völlig anonym. Und dabei wird kaum was ausgelassen, danach sind wir alle wieder die braven Ehefrauen. Wie bei euch in Deutschland die drei tollen Tage zu Fasching."

„Wird wohl nichts werden, denn sie macht nichts, wenn ich nicht dabei oder mit einverstanden bin, sagt sie jedenfalls..."

„Na, dass ich euch beide meine, ist doch klar. Aber lass mich erst mal nach Berlin kommen, dir den Rest-Finderlohn bringen, danach sehen wir weiter. Sollte Heidi dann so sein wie gestern bei uns, na dann bin ich sicher, werden wir alle drei ein erotisches Erlebnis haben, das keiner mehr vergessen wird."

„Machen wir schon beim letzten Mal nicht. Sex und Kugeln, komische Mischung war das schon, was ihr uns geboten habt", sagte ich ironisch. „Wir sehen uns. Nun muss ich erst mal auf Missionsreise gehen."

Der Gouverneur ein Verbrecher?

Die Seereise war bestens geeignet, um etwas Abstand zu gewinnen, und ich konnte mich auf meine eigentliche Mission vorbereiten.

Am nächsten Morgen legten wir an. Das Blöde war, dass wir nur knapp 20 Stunden Zeit hatten, da das Schiff zwar über Nacht dort ankerte, am nächsten Tag jedoch gegen 18 Uhr wieder ablegte. So war mehr als Eile geboten, zumal es dort weder einen Flughafen noch eine regelmäßige Fährverbindung gibt. Im Hafen wartete eine Hübsche, okay hübsch dick meinte ich, auf mich. Ginge die auf die Waage, würde diese garantiert „Bitte einzeln drauftreten" sagen. Sie wog so gute 150 Kilogramm, arbeitete sicherlich in einer Zeltfabrik als Modell. War aber eine ganz Liebe. Ihr „Willkammen du" entlockte mir unweigerlich ein Lächeln, so toll klang das. Sie brachte mich mit einem fahrradähnlichen Moped, selbstgebaut, zum „Gouvi", so nannten sie hier auf der Insel liebevoll ihren alten Gouverneur. Solche Gefährte gab es nach dem Krieg bei uns, nannte man „Fahrrad mit Hilfsmotor". Ihr Fahrstil: einfach die Hölle. Hatte das Gefühl, das Geschoss bricht jederzeit zusammen. Fahrerwechsel war nicht möglich, sonst wäre das Ding bei ihrem Gewicht bestimmt vorne hochgegangen. Wir rasten über eine Brücke, da kann man nur von träumen. Eigentlich waren es nur zwei geschlagene Bäume, oben einige Bohlen drübergenagelt, das war's. Nach 20 Minuten, gefühlten fünf Stunden, erreichten wir ein Haus an einem See. Hätte ich hier niemals vermutet. Ein durchaus attraktives Bauwerk, sicher über 300 Jahre alt. Eine Art Leibwächter mit einem alten K98-Karabiner und einem mehr als finsteren Blick begrüßte uns.

„Hast du Waffen?"

„Wieso braucht man die hier?" konterte ich belustigt.

Ein kurzes „Darf ich?" Er wartete keine Antwort ab. Seine Pranken suchten mich nach Waffen ab. Der Gesichtsausdruck wurde freundlicher, als ein älterer Herr mit grauen Schläfen in der Tür erschien. Völlig unerwartet begrüßte er mich in Deutsch.

„Willkommen in der Wildnis. Ich hatte ein Telegramm von deinem Freund, ist doch dein Freund, oder?" Dabei runzelte er die Stirn, wobei er mich fragend ansah.

„Ja sicher doch, ja."

„Telefon gibt es hier draußen nicht, das heißt Telefone schon", er zeigte auf ein Telefon der fünfziger Jahre, „doch Empfang haben wir hier nicht. Sieht aber toll aus, oder?"

Ich grinste. Er war irgendwie sympathisch und vor allem lustig. Finde ich gut, solche Menschen, welche nicht nur mit grimmigem oder geschäftstüchtigem Gesichtsausdruck durchs Leben rennen.

„Leider weiß jetzt aber jeder hier auf der Insel, dass Sie kommen. Unser Fräulein von der Post ist nämlich die sprechende Zeitung der Insel. Und in Ihrem Fall ist das nicht gerade förderlich."

„Muss ich mir Sorgen machen?" fragte ich lachend ein bisschen unsicher, was er sofort bemerkte.

„In der heutigen Zeit sollte man sich Sorgen überall machen, zumal bei dem, was wir vorhaben. Der Freund der Frau Ihres Bekannten ist ein ‚Verbrecher Hoch 3' und der jetzige Gouverneur keinen Deut weniger."

Beim Abendessen, es kochte meine Rennfahrerin, erzählte er mir, dass er gewisse Dokumente hätte, welche den Verkauf des Geländes verbieten und die er aufbewahren sollte.

„Sie lagern im Stadthaus. Mein alter Schulfreund weiß aber bereits Bescheid. Er bringt sie uns heute noch hierher."

Sein besorgter Blick auf die Uhr – „Er wollte eigentlich schon hier sein" – ließ nicht nur ihn unruhig werden. Schließlich hatte ich nur noch 17 Stunden. Die Zeit rannte. Er war zwar ein angenehmer Gesprächspartner, doch sein Gesichtsausdruck schien immer besorgter zu werden, als auch schon die Tür aufgestoßen wurde. War sein Leibwächter Joe mit einem anderen Farbigen.

„Mr. Plathaus hatte einen Unfall, wurde von einem Lkw gerammt. Eigenartigerweise genau vor der Brücke!"

„Und da sind wir dann den Hang runtergerutscht. Er ist bewusstlos oder mehr", erzählte der Fahrer sichtlich geschockt.

Joe spannte die Lotte vor den Karren. Er rief etwas zu seiner Köchin, die sogleich mit einem Verbandskasten ankam. In der Hand hatte sie eine Flinte.

„Können Sie mit so etwas umgehen?" fragte sie mich. „Ich bin übrigens die Mama hier."

„Lass mal. Joe, bringe für ihn meine Geliebte mit." Beide rannten raus.

„Wir sollten vorsichtig sein, der Lkw könnte dem Bäcker gehören, einem Busenfreund des Gouverneurs. Es gibt in dieser Gegend keinen weiteren. Und für Geld oder besser Rum macht der alles. Können Sie mit einem Revolver umgehen?"

„Besser als mit Frauen, wieso?" Ich versuchte, etwas Spaß reinzubringen.

War absolut nicht der richtige Zeitpunkt, denn mit einer wirklichen Pferdekarre fuhren wir alle zusammen zu dieser besagten Brücke, selbst die Köchin mit ihrer Flinte. Und dann überkam uns ein Regen, sowas habe ich noch nie gesehen. In Sekunden wurde die unbefestigte Straße zu einer Schlammpiste. Wir brauchten für die Strecke zehnmal so lange wie vorhin mit dem Moped. Sechsmal mussten wir bei den höchstens zwei Kilometern absteigen, und alle mussten schieben. Die beiden Pferde taten mir echt leid, so schlug Joe auf sie ein. Doch es eilte, da ja der eine bei dem Sauwetter draußen irgendwie verletzt liegen musste.

Total durchnässt kamen wir an der Brücke an, wo wir dann nur mit einer Taschenlampe und drei Fackeln den Verletzten suchten, als der Gouvi plötzlich schoss. Erschrocken drehte ich mich um, und er zeigte zum Hang, wo glaube ich zwei Personen wegrannten.

„Sind Verbrecher. Die wollten bestimmt meinen Freund ausrauben, sonst wären sie am Unfallort und hätten ihn beleuchtet."

„Aber einfach so auf Verdacht schießen?"

In dem Moment knallte es mehrmals, und wir schmissen uns bis auf die Mama in den Dreck. Sie blieb auf dem Auto sitzen und feuerte cool ihre Schrotflinte ab.

„Siehst du nun warum, und dass ich recht hatte. So geht das hier nur. Die oder du."
Der Fahrer, welcher mit Joe den Wagen gefunden hatte, schrie und brüllte wie ein Löwe:

„Diese Schweine, kommt schnell!"
Als wir ankamen, bot sich uns ein grausames Bild: Der Wagen, der halb im Wasser stand, war schon bis zur Mitte gefüllt. Der kleine Bach wurde wegen dem Regen zum reißenden Fluss.

„Los, wir müssen ihn rausholen, er bewegt sich nicht mehr."
Mit vereinten Kräften zog ich mit dem Gouvi – die anderen kamen, da sie nicht schwimmen konnten, nicht in Frage – den Verletzten raus, und wir legten ihn aufs Autodach. Er sah furchtbar zugerichtet aus und das Schlimmste: Er hatte einen Gürtel um den Hals.

„Diese Schweine, habe ich es doch geahnt. Scheiß-Telegramm, sie haben ihn kalt gemacht."
Ich löste den Gürtel und hörte ein leises Röcheln. Sah aus, als sei sein Kehlkopf verletzt. Er versuchte, etwas zu sagen, kam jedoch nur ein undefinierbares Keuchen. Er fasste sich in die rechte Wunde am Bauch und schrieb mit Blut auf seine Hand „Auto" und „Luf". Weiter kam er nicht, wurde wieder besinnungslos.
Trotz aller Versuche von Mama kam er nicht wieder zu sich. Wir trugen ihn hoch, um ihn mit zum Haus zu nehmen. Joe bekam die Anweisung, am Wagen zu bleiben und nach seiner Tasche zu suchen. Ängstlich sah

er zum Wasser. Ein Blick nach oben, und der Gouvi meinte:

„Hört gleich auf, warte, es wird in zwei Stunden abfließen. Bist ja nicht allein", er zeigte auf Joes Karabiner.

Mama merkte sofort, dass dem Freund nicht mehr zu helfen war, dementsprechend war die Stimmung auf dem Nullpunkt.

„Wenn wir im Haus sind, nehme ein Pferd und reite zum Arzt und zur Polizeistation."

Was konnte er meinen mit „Auto" und „Luf"?, rätselten wir. Sicher sollte es „Luft" heißen. Meinte er, dass er im Auto fast keine Luft mehr bekam?

„Wieso, waren doch noch gute 30 Zentimeter, hätte noch eine Stunde, wenn überhaupt, gedauert."

Wir kamen zu keinem Ergebnis.

„Komisch nur, er hat doch einen Gürtel an seiner Hose, woher kommt der andere, welcher um seinen Hals hing?"

Die Polizei kam nicht.

„Wenn er doch schon tot ist, was sollen wir noch da?" sagte man.

Mich beschäftigte, was uns der Verstorbene mit „Auto" und „Luft" sagen wollte. War es ein Hinweis? Der Doc traf nach zwei Stunden ein. Mit seinem Jeep kämpfte er sich durch den Schlamm, konnte aber auch nur noch den Tod bestätigen.

„Da hat einer nachgeholfen, denn im Bauch sind drei Messerstiche, und wenn ihr sagt, er hatte einen Gürtel um den Hals, der ihm nicht gehörte – sagt doch alles", stellte der Doc fest.

„Verdammt, wo bin ich da bloß reingeraten?"
dachte ich, als der Gouvi fragte:

„Kommst du mit mir und dem Doc zum Wagen,
um Joe und die Dokumente zu holen? Könnten dann
gleich weiter ins Stadthaus, damit du schnell wieder
wegkommst. Siehst ja, hier ist ein ungesundes Klima."

„Ja, und das schon seit du nicht mehr unser
Gouverneur bist, leider", knurrte der Doc.

„Sicher, warum fragst du, ist doch Ehrensache!"
Gegen zwei morgens brachen wir auf. Brauchten diesmal
nur zehn Minuten für die Strecke. Am Wagen war es
verdächtig ruhig und richtig: Joe lag am Vorderrad
angelehnt, als ob er schliefe, doch er war tot – drei
Schüsse, zwei in die Handflächen und einen in die Stirn.

„Wie ein Mafiamord, diese Schweine!" brüllte der
Doc. „Diese Schweine von Polizei, warum sind die nicht
rausgefahren, weil es regnete? Darum musste er
sterben?"

„Oder auch nicht", meinte der Gouvi.

„Muss ich das verstehen?" fragte ich.

„Nein, doch wenn man weiß, dass der Polizeichef
der Bruder des Gouverneurs ist und die hier alles
beherrschen, dann weißt du Bescheid." Dabei blickte er
zu mir.

„Ja, ist okay, er soll ja diese Unterlagen holen."
Zu mir:

„Sie wollen auf dem Grundstück ein
Einkaufszentrum sowie diverse Eigentumswohnungen
bauen. Ich hatte das damals verhindert. War auch der
Grund, warum ich es bei der letzten Wahl nicht geschafft
habe."

„Doch, du hast es geschafft, diese Schweine haben die Wahl manipuliert. Alle, die ich kenne, alle sagen das. Die meisten hatten dich gewählt. Stank gewaltig zum Himmel."

„Soll das heißen, dass diese Morde mit mir, äh mit den Papieren, die ich holen sollte, zu tun haben?"

„Na womit denn sonst? Sind eine friedliche Insel gewesen. Morde hatten wir schon lange nicht mehr."

„Muss ich mir jetzt einen Kopf deswegen machen?" fragte ich vorsichtig.

„Quatsch, doch Sie sollten schnell wieder abhauen. Lass uns weiterfahren zum Stadthaus. Für Joe können wir hier nichts mehr tun."

Man sah dem Gouvi an, dass es ihm naheging. Wie er beim Dinner erzählte, war Joe schon seit er Gouverneur war sein Leibwächter, und sie waren dicke Freunde geworden.

„Ich lasse ihn abholen. Sieh du zu, dass du ins Stadthaus kommst. Ich schicke dir meinen Sohn zum Stadthaus. Nicht dass die da auf euch warten."

„Gute Idee. Mensch, diese furchtbare Telegramm-Tante! Ich war schon immer dafür, dass die von diesem Vertrauensposten wegsollte, zumal sie die Schwester des jetzigen Gouverneurs ist. Nun ist sie fällig."

„Wenn wir die Unterlagen haben, bringe ich Sie vorsichtshalber zum Schiff. Können Sie da auch schon früher rauf oder erst abends, wenn Ihr ablegt?"

„Nein, geht schon klar. Sind denn diese Scheißdokumente so brisant, dass man dafür einen ermordet?"

„Was heißt einen? Ist schon der Dritte. Nachdem Ihr Freund wegflog, hatte sein Vormann den Bekannten seiner Frau, als er von der Liebelei was mitbekam, fristlos entlassen. Woraufhin dieser vor den vier anderen Angestellten posaunte:

,Dich bringe ich um, das macht keiner mit mir. Keiner, hörst du!'

Zwei Tage später hatte der Vormann einen mysteriösen Autounfall. Als man ihn fand, war er stockbetrunken. Eigenartig nur, denn er trank nie, wenn er Auto fuhr. War ein treusorgender Familienvater. Die Polizei unternahm nichts weiter, da der Polizeichef mit ihm dick befreundet war. Ein Unfall und Schluss! Hatten beide mal eine Anzeige wegen mehrfacher Vergewaltigung von Kindern am Hals. Doch hätten sich, wie man hinter versteckter Hand redet, freigekauft. Sollen noch mehr auf dem Kerbholz haben, dadurch hatte er den Polizeichef sicher in der Hand. Und so was ist nun Polizeichef, es kotzt mich an."

Es war arschkalt in dem offenen Jeep. Hatte ja immer noch die nassen Sachen an, als wir in der Stadt ankamen.

„Wir könnten bei mir was essen. Dann rufe ich meinen Schwager an, ob er seinen Laden aufmacht. Dort können Sie sich Trockenes ausleihen. Ist zwar nicht mal sieben Uhr, aber wird er schon backen."

„Keine schlechte Idee, und wann kommen wir an die Dokumente ran?"

„Nicht vor acht, da machte mein Freund immer auf. Geht ja nun nicht mehr", dabei zeigte er nach hinten, wo ja der Leichnam im Plastiksack, den Doc. mitbrachte, lag.

„Müssen die Mary anrufen und es ihr schonend beibringen. Sind beide schon über 40 Jahre befreundet. Zum Glück haben wir hier wenigstens Telefon."

Mary kam noch im Nachthemd rübergerannt. Als sie hörte, was geschehen war, weinte sie hemmungslos.

„Ich sagte, er solle bleiben, sah ja nach Unwetter aus, doch er meinte, er müsse dir unbedingt wichtige Unterlagen bringen. Sprängen für ihn 100 Dollar raus."

„Moment, hatte er die Unterlagen etwa bei sich? Wir haben im Auto nichts gefunden. Daher hatte Joe Besuch, und man hat ihn bestimmt deswegen liquidiert." Doch ob Joe was gefunden hatte, wo sollte es sein? Joe hätte bestimmt nichts gesagt.

„Wir müssen da sofort wieder hin", sagte der Doc aufgeregt.

Ich grübelte, und mir kamen sofort wieder die Worte „Auto" und „Luft" in den Kopf. Die Zeit brannte mir unter den Fingernägeln, da nachmittags das Schiff ablegte.

Das Frühstück war mehr als wichtig, warmer Kaffee, und der Schwager des Doc kam auch gleich, sodass ich mir Klamotten aussuchen konnte. War noch in der Umkleidekabine, als draußen ein Streit losbrach.

Der Polizeichef war da und meinte:

„Das Auto ist jetzt ein Tatort. Sie dürfen sich dem nicht mehr als 50 Meter nähern. Morgen kommt jemand vom Festland, um es genauer zu untersuchen."

„Wieso morgen?" rief der Doc, „die sind doch mit dem Boot in einer halben Stunde hier. Bist du der Polizeichef oder ich?"

„Hat doch Zeit, lebendig wird er nicht mehr. Vielleicht hat er sich auch selbst umgebracht."

„Ja sicher. Er schießt sich erst durch beide Handflächen und dann in den Kopf, wie pervers ist das denn?"

„Alter Mann, halt dich da raus, sonst lasse ich dich festnehmen. Gehst mir schon lange auf den Geist mit deinem Hinter-dem-Rücken-Gerede. Das mit den Mädchen damals war doch geklärt."

„Ja, und kurz danach kauft sich der Vater ein Boot und ein Auto. Woher hatte er das Geld? Ist jedem bekannt, dass er pleite war, warum haben sonst seine Töchter für dich in deinem Haus gearbeitet? Welcher Vater würde seine Töchter auch nur in deine Nähe lassen?"

„Komm, lass es jetzt", versuchte der Doc ihn zu beruhigen.

„Wieso? Er hat recht. Ich bin ein alter Mann, und meine Zeit ist bald abgelaufen. Doch wenn es soweit ist, möchte ich mit freiem Herzen gehen, nicht als Drücke-berger. Ich war nie käuflich wie der Jetzige, das weiß jeder, oder?" Dabei sah er den Schwager und den Doc hilfesuchend an. Beide nickten zustimmend.

Bevor sie was sagten, brüllte der Polizeichef: „Dafür nehme ich dich fest, du hast den Gouverneur verleumdet!"

In diesem Moment ging die Tür vom Nebenraum auf, und zwei junge Männer um die 30 kamen rein.

„Du verhaftest hier keinen. Und hat jemand irgendwas von gehört?" Alle schüttelten grinsend den Kopf.

„Und nun verschwinde hier aus dem Laden meines Onkels. Siehst du nicht, wie Mary trauert? Was für ein Bastard bist du nur!"

„Dafür bringe ich euch in den Knast."

„Oh, siehst du, wie wir vor Angst zittern?" warf jetzt der andere junge Mann ein. „Und solltest du auch nur daran denken, uns in den Knast zu stecken, wäre es das Ende deiner beruflichen Karriere und der deines Schummel-Gouverneurs auch. Wir haben dich beim Militär schon lange auf der Abschussliste."

Grinsend öffnete er die Tür, verbeugte sich bis fast auf den Boden und zeigte dabei unmissverständlich dem Polizeichef, dass er verschwinden solle.

„So wird hier gesprochen, ich bin der Harry, und er ist der Peter."

„Und sie sind beide bei der Militärpolizei", ergänzte der Doc.

Peter warf noch ein:

„Er ist auf der roten Liste, versucht jedem vom Militär was anzuhängen, will erreichen, dass wir den Stützpunkt hier auf ‚seiner' Insel schließen. Sind denen bei ihren Machenschaften im Wege. Unsere Basis würde dadurch an die Stadt zurückfallen, und die könnte sie sofort bebauen."

„Lasst uns zum Auto fahren", werfe ich ein.

„Geht das irgendwie? Denn falls er da die Unterlagen hatte..."

„Welche Unterlagen? Müsste ich was wissen?"

„Geht schon klar, nur so können wir das Einkaufszentrum und die vielen Wohnungen verhindern. Ganz legal, mein Junge." Zu mir gewandt:

„Ist ein guter Kerl, ist mein Patenjunge."

„Könnt meinen Geländewagen nehmen, sieht nach Regen aus, sonst sitzt ihr fest. Noch besser, ich lasse meinen Laden heute zu, und ich fahre euch", sagte der Schwager.

„Doch wir sollten erst einen Umweg fahren, falls er uns beschatten lässt. Wenn er es als Tatort deklariert, sehen wir schlecht aus."

„Nicht ganz. Lass uns zur Basis fahren und mit dem Colonel reden. Wir kommen nach."

„Können wir nicht am Besitz meines Freundes vorbeifahren, ist das weit? Würde auch gern wissen, worum es hier geht."

„Sicher, kein Problem. Sind keine zwei Kilometer Umweg."

Wieder begann es zu schütten. Nach der halben Strecke zu seinem Besitz kommt uns ein Mädchen entgegen, die Tochter meines neuen Freundes aus Malta. Wir halten an, und als sie den Gouvi sieht, strahlt sie vor Freude.

„Warum wirst du nicht gebracht?"

„Weiß nicht, aber der", ihr Gesichtsausdruck wird finster, „war heute Nacht nicht zu Haus, und ich muss doch zur Schule."

„Komm, wir bringen dich. Sieh mal, ein Freund von mir aus Germany."

„Oh, toll, endlich kann ich wieder mal Deutsch sprechen. Bin so unglücklich, mir fehlt mein Papi. Der will mich nicht mehr, sagt meine Mutter."
Längst hatte ich die Handykamera angemacht. Ist schließlich die Chance, meinem Freund seine Tochter zu zeigen. Und was sie sagt, ist bestimmt Balsam auf seine Seele. Prompt hake ich nach:

„Hat meine Exfrau meinen Töchtern auch erzählt, doch stimmte nie. Sie hatte meine Kinder belogen, um sie auf ihre Seite zu ziehen."

Ich versuche, mehr aus ihr herauszukitzeln, zumal wir bereits vor der Schule stehen.

„Ich würde alles in der Welt dafür geben, zu meinem Papi zu gehen. Ich hasse Mutter mit ihrem Neuen, der mich immer auf seinen Schoss zieht, abschleckt. Hat Papi nie gemacht."

Mir kommt eine Blitzidee.

„Wann hast du Schulschluss? Vielleicht können wir eine Cola zusammen trinken."

„Nein, aber eine Schokolade", sie zeigt lachend auf ein Schokoladen-Café gegenüber der Schule. „15 Uhr, dann habe ich zwei Freistunden bis zum Sport."

„Gut, sollte ich es nicht rechtzeitig schaffen, kommt meine Frau. Ist eine ganz Liebe, und dann kannst du auch Deutsch quatschen."

„Deal!"

„Deal", antworte ich. Strahlend steigt sie aus.

„Mensch, sie haben doch noch beide das Sorgerecht. Könnte sie nicht, wenn sie wollte, zum Vater?"

„Könnte schon. Müsste nur eine Bescheinigung vom Gouverneursbüro haben. Sonst nimmt sie kein Flugzeug oder Boot mit. Und diese bekommt sie nie. Zumal der Typ, den sie hasst, mit dem Gouverneur ‚dicke' ist."

Ich telefonierte mit meiner Frau – hier in der Stadt klappte es mit dem Telefonieren – und bat sie, um 14.30 mit einer Taxe hier zum Café zu fahren und auf ein blondes Mädchen, Carola, zu warten. Und sie sollte mal fragen, ob wir, wenn die Papiere in Ordnung sind, eine Passage für ein Kind kaufen könnten.

„Das klappt nie", mischte sich der Schwager ein, „die Kleine wird nie allein sein. Er wird sie wieder abholen."

„Nicht wenn mein Verdacht stimmt, dann ist er am Unfallauto und sucht sicher die Unterlagen. Sollten diese in die Hände Ihres Freundes landen, weiß er, dass er verloren hat."

„Da könnte was dran sein", murmelte der Gouvi.

Von weitem sahen wir die Brücke und, verdammt, auch Polizei.

„Scheiße, was nun?"

„Lass uns etwas zurückfahren und meinen Neffen anrufen. Hier habe ich keinen Empfang."

„Kannst du was machen?" fragte er diesen wütend.

„Sicher schon, doch warum sagst du mir das nichts selbst. Ich bin hinter euch."

Cool, kurz hinter uns war jetzt ein Jeep der Armee. Beide drin in Uniform. Sie stiegen aus.

„Könnt ihr Onkels Auto allein nehmen. Und dich bringen wir kurz um die Ecke."

„Kann doch nicht fahren."

„Aber ich", warf ich ein.

„Gut, passt. Wartet eine halbe Stunde, am besten in der Waldlichtung dort, bis wir zurück sind. Onkel und dich legen wir als Verletzte unter einen Baum. Oben am Fels liegen gefällte Bäume. Da basteln wir was zurecht."

„Mann, ihr seid cool."

„Um seinem Nachfolger", dabei zeigte er auf den Gouvi, „und dem Polizeitrottel eins auszuwischen, würden wir noch ganz andere Sachen machen."

Und wirklich, sie legten den Onkel unter einen Baumstamm, natürlich so, dass er sich nicht wehtat, aber es aussah, als sei er eingeklemmt. Dann fuhren sie runter zur Brücke, um dort den Polizisten von dem Unfall zu erzählen. Es dauerte nicht lange, und wirklich raste das Polizeifahrzeug nur Minuten später an uns vorbei. Sofort fuhren wir zur Brücke, wo die Militärpolizei wartete.

„Wir verschwinden hier, wenn was sein sollte, wir mussten zum Einsatz, sonst bekommen wir Ärger. Ist schon mit Kollegen von der Basis abgesprochen."
Joe lag immer noch da, nur mit einer Plane zugedeckt. Der Gouvi durchsuchte erst Joe, ob der irgendwas, was uns weitergebracht hätte, an sich hatte. Schon ein gewöhnungsbedürftiger Anblick. Wie die Verrückten durchsuchten wir das Auto, als der Nebenbuhler meines Auftraggebers plötzlich mit einem Gewehr in der Hand vor uns stand. Was noch für ein Zufall...

„Aha, Leichenfledderer! Ihr wisst, was wir mit solchen Leuten hier machen, oder habt ihr was für mich, was man gegen euer Leben tauschen könnte?" Demonstrativ lud er dabei sein Gewehr durch.

„Moment, ich kenne Sie zwar nicht. Doch sucht er das, was Sie heute Nacht mit ins Haus genommen haben, diese schwarze Tasche?" fragte ich den ahnungslosen Gouvi, der jedoch sofort verstand.

„Wer bist du? Bist du der, der die Unterlagen klauen sollte?"

„Aha, da ist es raus. Also muss die Telegrammhexe geplaudert haben. Jetzt wird ein Schuh draus", wetterte der Gouvi und zwinkerte mir zu.

„Dann los, sonst schicke ich euch noch hier ins Jenseits. Leichenfledderer ist das Letzte, was es gibt. Jeder würde meine Handlung verstehen."

Mann, wo bin ich da bloß reingeraten! Ich immer mit meinem scheiß Hilfsfimmel. Könnte jetzt schön unten am Strand liegen mit zwei Mädels oder besser noch in Venedig mit meiner Mafiabraut. Aber verdammt, meine Frau, wenn die zum Café geht und dann auf den trifft. Er weiß gleich, wer sie ist, und Zeugen kann er nicht gebrauchen.

Das spornte mich an. Ich musste alles versuchen und Zeit rausholen, um meine Frau zu schützen, zumal sie nur einen Hummer als Mietwagen ergattern konnte. Davon gibt es hier auf dieser Insel nur zwei Stück.

Ich hoffte, warum auch immer, auf die beiden von der Militärpolizei. Wenn sie zurückkommen und wir nicht da sind, wo sollten sie uns suchen? Beim Haus vom Gouvi, sonst hätten sie uns ja entgegenkommen müssen.

„Los, du gehst voran", sagte der Fiesling zum Gouvi.

„Und er? Wenn mein Patenkind zurückkommt, wird er ihn finden, dann gehst du keine hundert Meter mehr. Außerdem kann ich nicht Auto fahren."

„Danke für den Tipp. Ja, dann kommt er auch mit." Warum nur fühlte ich mich auf einmal erleichtert? Zeit ist immer der beste Verbündete. Hatte ich, als ich gedient hatte, gelernt. Komisch, jetzt verging die Fahrt wie im Fluge. Das Gefühl in meinem Magen wurde nicht gerade besser. Meine Gedanken schwirrten um die Frauenwelt, die ich viel zu wenig genossen hatte. Als wir am Haus ankamen und ausstiegen, brüllte mich der Gouvi plötzlich an:

„Wegen dem habe ich jetzt Probleme, mach mit dem, was du willst. Ich bin raus und werde schweigen wie ein Grab."

„Jammre nicht. Du warst uns immer, bei unseren Planungen im Wege. Einen größeren Gefallen, als mir beim Leichenfleddern vor die Flinte zu laufen, konntest du mir gar nicht erweisen. Los, geh voran, Alter!"
Weiter kam er nicht, denn es knallte plötzlich, und er sackte zusammen. Was war das denn?
Ich sprang sofort vor und schmiss mich auf den Kerl. Zum Glück, denn er wollte gerade wieder zu seinem Gewehr, welches neben ihm lag, greifen. Ich würgte ihn

mit einer nie gekannten Wut und Kraft. Erst als der Gouvi mich wegzog, kam ich zu mir, hätte ihn glatt erdrosselt. Wie eine Ratte fühlte ich mich, war richtig in ihn verbissen. In der Tür stand Mami mit ihrer Schrotflinte und grinste. Ja wirklich, sie grinste.

„Ihr kommt ja rechtzeitig zum Essen, wusste nur nicht, dass ihr einen Gast mitbringt." Dabei hielt sie diesem Arsch die Flinte an den Kopf.

Sein wutverzerrtes Gesicht, oder sei es auch der Schmerz, war für mich fast so schön wie ein Orgasmus. Der Gouvi nahm ihr die Flinte ab und schlug ihm den Holzschaft über den Kopf, sodass er das Bewusstsein verlor.

„Mami, du bist die Beste", sagte er und küsste sie.

„Ich weiß, ich weiß."

„Wow, hätte ich Ihnen nicht zugetraut."

„Mami ist wie eine Glucke, schon 31 Jahre bei mir."

„Ja, sie ist spitze. War früher bei der Armee."

„Doch ich meinte eher Ihren Schlag eben."

„War ich vielleicht mal Colonel, wie auch mein toter Freund? Nur dass er bei der Abwehr war. Der hier steht, wenn überhaupt, so schnell nicht auf.

Mach uns einen starken Kaffee, Mami. Wir verpacken den Kerl, inzwischen können Sie hier auf den Berg klettern und das Holz, was oben steht, anzünden. Ist unser Telefon. Wenn das einer sieht, kommt er sofort hier rauf."

„Na cool, ist ja fast wie bei den Indianern."

„Ach, sehen Sie doch mal in den Safe. Über der Dokumentenbox liegt etwas drin, was Sie vielleicht brauchen könnten.

Haben Sie aber nicht von mir!"

„Wow, eine Beretta 92F, so eine habe ich auch zu Haus! Cooles Teil!"

Wir warteten keine drei Minuten, da hörten wir einen Hubschrauber. Er versuchte in einer halsbrecherischen Aktion, am See zu landen. Mann, der Pilot war ein Held.

Er schaffte es echt. Und im nächsten Augenblick kamen schon unsere beiden Militärpolizisten angerast.

„Klappt echt gut, euer Telefon, werde ich in Berlin auch einführen, wenn ich jemals zurückkommen sollte", sagte ich lachend.

Sie kümmerten sich sofort um den Arsch, und dann saßen wir alle vor dem Haus und überlegten, wie es weitergehen sollte.

„Sagten Sie Abwehr? Hatte er da nicht ebenso etwas mit Spionage zu tun. Vielleicht wollte er uns was sagen mit ‚Auto' und ‚Luft'. Könnte er die Akten im Reservereifen versteckt haben? Wusste er um die Wichtigkeit?"

„Und ob, ja, das könnte gut sein."

Langsam wurde die Zeit eng für mich, es war bereits nach 13 Uhr.

Peter hatte eine Idee:

„Ich könnte es arrangieren, dass uns der Helikopter zur Brücke bringt. Denkt ihr euch solange was für die Cops aus."

Sein Patenkind schlug vor:

„Ich könnte die Straße einige hundert Meter weiter unten sperren – aus militärischer Sicht... Dann könnten auch die Cops erst einmal nicht kommen, bis wir einen Schlachtplan haben."

Mann, waren die gut drauf. Wäre bei uns nie denkbar, so ein Zusammenhalten.

Minuten später waren wir gelandet. Der Reifen war aufgepumpt. Peter schlitzte das Ding mit einem Dolch auf, doch nichts.

Meiner Bitte, ob er mich wenigstens Richtung Schule bringen könne, kam er gern nach.

„Nichts lieber als das! Die Lehrerin, sie haben hier nur eine in dieser Schule, ist meine Freundin." Er funkte seine Kollegen an, dass wir dahinfliegen, als er mir das Mikrofon hinhielt. Der Gouvi war dran:

„Ich habe eine Idee! Ich habe noch Briefbögen von meiner Amtszeit, und sollte das mit Ihrer Frau klappen, könnte ich versuchen, dass meine alte ehemalige Sekretärin einen Stempel rausschmuggelt, und das Dokument wäre fertig. Ich kann nicht mehr, als es versuchen. Dann müssten Sie nicht mit leeren Händen zu Ihrem Freund zurückkommen. Ich fahre mit dem Copiloten gleich los zur Stadt, vielleicht klappt es."

„Das wäre ein Hammer, wenn das klappte, gern."
Sie brachten mich zur Schule. Dort lief alles wie am Schnürchen. Meine Frau war im Café. Sie tranken bereits die Schokolade, als wir mitten auf der Straße an der Schule landeten. Besser ging es wirklich nicht. War eine kleine Sensation hier. Die Kinder kamen aus allen Löchern angerannt. Schien dem Piloten zu gefallen, denn nun kam auch seine Freundin. Längst hatte der Pilot Verstärkung von der Militärpolizei angefordert, denn wenn man dem ungeliebten Polizeichef ans Leder konnte, kam jeder gern, auch ohne dienstlichen Befehl. Meine Frau begrüßte mich mit den Worten:

„Und in was bitte sind wir jetzt wieder reingeschlittert? Wird hier auch geschossen?"

„Nö, habe ich schon hinter mir."
Sofort wurde ihr Blick sorgenvoll.

„Ist schon okay, Schatz, wir sind doch bei den ‚Guten'. Aber was ist mit der Schiffspassage?"

„Sie checken es, jedoch wenn, gibt es nur Zweibettkabinen."

Ich erzählte ihr, was alles gelaufen ist und wir das Dokument nicht gefunden hätten. Als sie fragte:

„Sag mal, das Ding auf dem Motor, war da nicht auch Luft drin?"

„Mensch ja, der Luftfilter vielleicht, cool. Wäre eine Möglichkeit."

In diesem Moment kam eine ältere, charmante Dame an unseren Tisch:

„Sind Sie der Freund vom Gouverneur?"

„Ich, nein. Der wäre der Letzte, dessen Freund ich sein möchte."

„Ach, nicht doch, ich meine doch unseren Gouverneur, nicht den Betrüger."

„Und wenn es so wäre?"

„Dann hätte ich Ihnen einen Stempel anvertraut."

Mein Gesicht hellte sich auf.

„Sind Sie seine Ex-Sekretärin? Wenn ja, wäre perfekt, wenn Sie warten könnten. Er ist auf dem Weg hierher."

„Nein, ist besser, man sieht mich nicht. Ich wünsche der Kleinen viel Glück und Gruß an ihren Papa. Kenne ihn gut, ist ein Lieber", dann verschwand sie.

Ich sah auf die Uhr, 16.35, dann den Piloten an, der sich mit seiner Freundin zwei Tische weiter gesetzt hatte.

„Könnten wir vielleicht nochmal zum Auto?" fragte ich ihn, „dauert nur fünf Minuten dort."

„Von mir aus, doch wenn Sie um 17.30 Uhr am Schiff sein wollen, wird's verdammt eng."

„Schatz, gleich kommt der Ex-Gouverneur, dem musst du den Stempel geben. Die Soldaten werden euch bestimmt zum Hafen bringen. Sollte ich es nicht schaffen, kein Problem: Lasse mich zum nächsten Flughafen bringen. Wir treffen uns dann in Venedig. Wenn das mit der Tochter klappt, wäre supergeil. Hoffe nur, dass wir uns nicht der Kindesentführung strafbar machen."

„Machen wir nicht. Ich bin ja nicht nur doof, habe vom Schiff gleich Bob angerufen, der, den wir mal abgeschleppt hatten, als sein Motor streikte. Der ist doch beim Jugenddezernat. Ich bat ihn zu klären, ob der Vater auch Sorgerecht hat. Er meinte, wir würden keine Probleme bekommen, jedenfalls nicht in Deutschland. Er freute sich, dass er sich bei uns ehrlich machen konnte."

„Perfekt, du bist die Beste. Bring die Kleine gut an Bord, und wir machen in Berlin ein Fass auf."

„Mit Celina, dann könnten wir da weitermachen, wo wir in Neapel aufgehört haben", meinte Heidi schmunzelnd.

„Nackt im Tunnel?"

„Mensch, du weißt schon, was ich meine. Pass aber bitte auf dich auf, nicht dass ich wie Celina auch Witwe werde."

„Bist du verrückt? Weißt du, wie viele Frauen noch davon träumen, von mir verwöhnt zu werden?"

„Na, das kannst du den Frauen natürlich nicht antun. Träum weiter, Schatz."
Zu der Kleinen rief ich noch:

„Wir sehen uns, und Heidi kannst du vertrauen, sie ist ganz lieb. Ich muss noch was erledigen. Kann ich mich darauf verlassen, dass du auf Heidi aufpasst?"

„Unbedingt, bin ja schon groß."
Ich gab meiner Frau ein Küsschen und flüsterte ihr zu:

„Wenn es Probleme am Hafen geben sollte, bezahle! Hier sind fast alle korrupt."

Ich rannte zum Helikopter, der bereits auf vollen Touren lief, und sprang rein. Kaum waren wir in der Luft, sahen wir, wie die anderen ankamen. Über Funk teilte mir der Gouvi mit:

„Wird klappen mit den Papieren für die Kleine. Bringe euch persönlich zum Schiff, doch warum sind Sie in der Luft. Habe ich da was verpasst?"

„Habe von meiner Frau einen Tipp bekommen, der Luftfilter! Wollen noch mal hin, nachschauen."

„Selbst wenn die Zeit reicht, es müsste noch vom Friedensrichter abgestempelt werden."

„Mann, Ihr mit Euren Scheiß-Stempeln. Auf dieser Insel läuft wohl nichts ohne Stempel. Wir in der Stadt vernaschen die Frauen und hier, glaube ich, stempelt Ihr die sicher nur.
Kann ich das machen, wenn ich es schaffe, und wenn Sie bei dem vorsichtshalber ein Date machen?"

„Ist mein bester Freund, geht immer bei dem, man müsste nur eine Kiste Whisky mitbringen. Doch das könnte ich übernehmen."

„Nein nein. Es ist wichtiger, dass Sie die Mädels zum Hafen bringen für den Fall, dass es da Probleme gibt."

„Mache ich doch, und das mit dem Whisky, da wird er mir schon vertrauen. Aber das schaffen Sie zeitlich nie."

„Werden wir in spätestens einer Stunde wissen, ob Sie recht haben, out." Ich gab das Mikrofon zurück.

Meine Frau hatte recht.
Ich riss mir fast den halben Daumen auf, als ich dieses Scheißding ohne Werkzeug abriss, aber da war eine Art

Brieftasche. Wir flogen, so schnell es ging, doch als wir beim Friedensrichter fertig waren, schaute ich auf meine Uhr. Das Schiff müsste bereits abgelegt haben.

„Scheiße, gibt es keine Möglichkeit? Können Sie mich nicht auf dem Schiff mit einer Seilwinde oder so absetzen?"

„Bräuchte ich die Genehmigungen vom Kapitän und meines Vorgesetzten. Es gäbe vielleicht eine andere Möglichkeit."

„Was auch immer, gebongt."

„Das Lotsenboot, es begleitet das Schiff, bis es an den Klippen der kleinen Insel, die genau vor uns liegt, vorbei ist."

„Könnten Sie versuchen, das Boot über Funk zu kriegen?"

Ich rief meine Frau an, um ihr das zu verklickern.

„Frag mal den Kapitän an, ob es möglich wäre, dass wir mit dem Lotsenboot..."

„Okay, mach ich sofort. Die Kleine ist an Bord. Verschüchtert, doch überglücklich. Musste eine Kabine nehmen, doch sie schläft, bei uns, geht das klar?"

„Na logisch. Sag mir schnell Bescheid."

„Das Boot kommt zurück. 100 Dollar, geht das klar?"

„Und ob."

Wir landeten drei Minuten später am Port. Das kleine Lotsenboot war wirklich da. Dankend sprang ich aufs Deck, und wir rasten los. Noch bevor wir die Außenanlage verlassen hatten, kam ein Funkspruch, dass der Kapitän das nicht machen könne. Er würde sonst gegen internationale Passbestimmungen verstoßen, was dazu führen könnte, dass die Reederei diesen Hafen nicht mehr anlaufen dürfe.

„Tut ihm leid, Ihre Frau hat erreicht, wenn Sie es mit dem Passamt klären und mit dem Heli könnten, mit der Winde wäre ein Weg. Sei aber eine absolute Ausnahme!"

Wie hat sie das nur wieder geschafft? Toll, doch wo auf die Schnelle einen Heli herbekommen? Der von der Armee war weg, und der durfte es auch nicht. Wir drehten um, doch nach einer Minute änderten wir die Richtung zum Strand. Da warteten der Heli von vorhin und der Gouvi.

„Was, habt Ihr etwa die Genehmigung?" fragte ich erfreut.

„Nicht direkt, aber da ich ja mal der Chef von seinem Kommandanten war und ihn damals gefördert hatte, wird er mir den Gefallen schon nachträglich genehmigen. Jetzt liegt es nur noch an Ihnen, ob Sie sich das zutrauen."

„Wenn Sie wüssten, was meine Frau mir versprochen hat, wenn alles klappt, würde ich auch ohne Winde springen", erwiderte ich spaßig.

„Na dann, lasst uns zur Passstelle fliegen, los!"

„Was heißt wir?"

„Na, das lasse ich mir doch nicht entgehen, was wird das für eine Rederei auf meiner Insel, und ich mittendrin."

Die Passstelle war ein Witz, auch den Chef kannte der Gouvi natürlich. Er schien sehr beliebt zu sein. So wurde es nur abgenickt, und weiter ging's zum Kreuzfahrtschiff. Ich gestehe, als ich das Schiff sah, wurde mir etwas mulmig. Man legte mir das Geschirr an und klinkte mich in das Seil der Winde ein.

Das Pooldeck war geräumt. Dichtgedrängt standen die Leute am Heck, um das nichtalltägliche Geschehen zu beobachten. Machte mir etwas Mut, der jedoch schnell wieder weg war, als ich in der Luft hing. ‚Bei meinem Glück lande ich bestimmt im Pool', dachte ich, doch der Pilot verstand sein Handwerk. Mit geschwollener Brust schritt ich auf meine Frau und meine neue kleine Freundin zu, die längst die Absperrungen durchbrochen hatten. Carola sprang mich vor Freude an.

Meine Frau grinste und flüsterte spaßig:

„Na, planst du schon für übermorgen mit deinen Weibergeschichten, wenn sie alt genug ist?"

Ich bedankte mich beim Kapitän, der die ganze Situation spannend und cool fand. Auch der Vater der Kleinen bedankte sich an der höchsten Stelle der Kreuzfahrtgesellschaft für diese einzigartige Unterstützung.

Die keine Eva war in Gefahr

Gegen 1 Uhr morgens klingelte das Telefon. Die Eva aus Venedig war dran:

„Ich muss weg. Hier ist ein Krieg Mafia gegen die, welche uns hier halten. Sonst bringen sie mich um oder entführen mich auch. Sind bereits drei von uns verschwunden. Sitze hier bei dem, wo ich mich melden sollte. Kannst du mir helfen? Habe kein Geld, nichts, nur das, was ich anhabe."

„Verdammt, hast du noch das Feuerzeug?"

„Ja, sicher, ist mein Glücksbringer."

„Gut, sehr gut. Mach den Boden auf und sieh nach, da ist Geld drin, reicht für eine Hotelnacht. Gib mir mal den Wirt."

„Hallo, weißt du einen Platz, wo sie für eine Nacht schlafen könnte? Geld hätte sie von mir."

„Sie könnte hier schlafen, wenn sie bis morgen Mittag wieder verschwindet. Braucht nichts zu bezahlen. Celinas Freunde sind auch meine Freunde."

„Super, vielen Dank, gibst du sie mir nochmal."

„Bleib erst mal bis morgen da, ich rufe dich morgens an."

Meine Frau hatte eine Idee.

„Könnte nicht die Celina jemanden kennen, der ihr helfen kann?"

„Keine schlechte Idee, aber ist mir irgendwie peinlich, sie anzurufen."

„Na, und mir nicht? Kann sie ja gleich nach Berlin einladen, hatten wir doch gewettet oder so ähnlich. Was meinst du dazu?"

„Du bist genial, mach es, Schatz."

Celina hatte eine super Idee. Sie versprach, sich um die Kleine zu kümmern, wenn diese nur irgendwie nach Neapel käme:

„Heidi, ich rufe gleich bei meinem Freund, bei dem sie gerade ist, an. Er soll sehen, dass er sie in einen Billigbus nach hier setzen kann. Wenn sie in Venedig bleibt, ist sie so gut wie verloren. Man wird sie zur Strafe für Gang-Bang-Partys nutzen, da muss sie Männer vögeln bis zum Abwinken. Und nicht nur das, man wird sie sogar auf speziellen Partys von Sadisten foltern, das kann schon mal schiefgehen. In Venedig allein finden sie im Monat wenigstens eins der Mädchen in den Kanälen oder irgendwo auf dem Festland."

„Verdammt nochmal, habt ihr brutale Sitten."

„Moment, sind nicht wir, sind die Banden vom Balkan. Allerdings wehrt sich die Mafia, indem sie sich ab und zu dieser Mädchen bedient. Auch dort verschwinden nach Privatpartys immer wieder einige spurlos. Keiner wagt, was zu unternehmen, jeder fürchtet einen internen Krieg.

Kommt ihr nicht auf dem Rückweg wieder in Neapel vorbei? Könnten wir doch da weitermachen, wo wir aufgehört hatten?"

„Von mir aus schon, ich fand es prickelnd. Bin sonst eigentlich überhaupt nicht freizügig, aber irgendwie hat mich dein Cousin gereizt."

„Schade, ich dachte, ich dich auch ein wenig."

„Mensch, klar natürlich, das mit dir stand doch außer Frage. Doch wir legen nur in Malta an, und dann geht's weiter direkt nach Venedig."

„Schade, doch ist es für mich im Moment, bis unsere Familien sich geeinigt haben, sehr ungesund. Alfonso könnte euch mit seiner Jacht in Malta abholen."

„Glaube nicht, wir sind nicht allein. Erzähle ich dir später mal. Bleibt nur noch Berlin. Komm uns besuchen, und dann lernst du mich kennen. Auch bei uns gibt es Privatpartys. Jedoch wird da alles freiwillig gemacht. Oft sind es brave Hausfrauen, die einfach nur mal ausbrechen wollen. Sogar mit Masken wie bei euch. Manchmal sogar nur mit Masken." ☺

„Klingt reizvoll. Wenn dein Mann auch so denkt, hast du mich schon überredet. Lass uns telefonieren. Erst mal kümmere ich mich um euer Sorgenkind. Hab da schon so eine Idee."

Heidi konnte mich nicht überreden, in Malta auszusteigen, um Celina, okay, gut, auch Alfonso, zu besuchen.
In Venedig sind wir ohne Umschweife mit dem Taxiboot zum Flughafen. Es war übrigens für die Kleine der erste Flug. Sie sprach vor Angst kein Wort, aber in Berlin-Schönefeld schrie sie vor Freude schon durch die

Scheibe, als sie ihren Papa sah. Er war mehr als dankbar. Als wir einen Tag später bei ihm zum Dinner eingeladen waren, mussten wir alles ausführlich erzählen, bis morgens um fünf. Selbst das aus Venedig ließen wir nicht aus.

„Hallo, da seid Ihr ja in Neapel in was reingeraten. Das Tantchen, wie Ihr sie nennt, ist in Italien mehr als bekannt. Sie kommt aus einem alten kirchlichen Adelshaus.“

„Na, das auf Ihrer Insel war ja nun auch nicht gerade ohne. Und auch kein Karibik-Urlaub, wie mein Mann mir versprach.“

„Ihr seid hiermit bei mir auf Lebenszeit eingeladen. Könnt immer kommen wann und mit wem Ihr wollt.“

„Sollten Sie lieber nicht sagen. Könnte sein, dass wir wirklich auftauchen“, warf Heidi erfreut ein.

„Das mit Joe tut mir verdammt leid. Seine Familie und die von dem Freund des Gouvi aus dem Stadtarchiv werde ich für immer unterstützen, und wenn Ihr wollt, könnte ich auch versuchen, für Euer Findelkind was zu arrangieren. Wozu ist mein Schwippschwager Bürgermeister von Sant' Antonio, nur 100 Kilometer von Neapel entfernt, und soviel ich weiß, ist dort ein Waisenheim für reiche Mädchen. Wenn man mit einer kräftigen Finanzspritze nachhilft, könnte es klappen.“

„Ich mit meinem Hartz-IV-Einkommen“, sagte ich schmunzelnd, „bin da wohl nicht der Richtige.“

Bereits drei Tage später meldete sich Celina aufgeregt.

„Du, sag mal, eine Nonne ist hier, um die Kleine abzuholen. Was soll ich machen? Sie soll sie in ein Internat bringen und Grüße von einem Freund aus Berlin bestellen."

Ich war schlagartig hellwach.

„Gib mir fünf Minuten, bleib am besten am Telefon. Ich ruf auf der anderen Leitung jemanden an."

Er hatte es wahrgemacht, nicht nur seinen Schwippschwager eingeschaltet, auch eine ordentliche Summe avisiert. Als kleines Dankeschön.

„Geht klar. Kommt indirekt von mir. Wenn es ihr recht ist, soll sie mitgehen. Ich werde mich bei ihr melden."

„Ist übrigens eine ganz Liebe, hat versucht, bei Alfonso danke zu sagen, doch ist ihr nicht gelungen. ☺ Bei mir allerdings umso mehr. Nun willst du sie mir wegnehmen?"

„Kannst sie gern bei dir lassen. Dachte nur..."

„Nein, ist gut so, soll sie machen, so etwas kann ich ihr nicht bieten. Würde bei meiner Familie nie anerkannt werden, und ich hätte das nächste Problem am Hals."

„Außerdem, wenn du sexuellen Notstand hast, hast du ja noch mich. Bist jederzeit willkommen."

„Wirst lachen, würde wirklich mal gern kommen. So wieder mal ein paar Tage in Deutschland."

„Drohe doch nicht gleich. Eine Nacht würde völlig reichen."

„Ach so? Willst also nicht deinen ganzen Finderlohn?"

„Okay, wenn du es so siehst, was hast du denn sonst noch zu bieten?"

„Könnte euch zeigen, wie es hier bei den privaten venezianischen Sexpartys zugeht. Kann dir ja ein paar Freudinnen mitbringen. Wie groß ist denn deine Wohnung?" fragte sie lachend.

„Oh, passt schon. Einige Gästezimmer oder genauer gesagt unser Schlafzimmerbett ist nicht viel kleiner als das bei deiner Tante."

„Gut, könnt mit mir rechnen. Melde mich, wenn das mit der Kleinen hier glattgegangen ist."

Die Krönung kam zwei Wochen später

Es klingelte, und die Polizei stand in der Tür.

„Herr Flopi?"

„Ja, sicher. Was soll das denn, kennen wir uns vielleicht seit über 30 Jahren?"

„Tut mir leid, es liegt ein internationaler Haftbefehl gegen Sie vor."

„Warum das denn bitte?"

„Wegen Leichenfledderei und versuchten Totschlags sowie Kindesentführung. Kommen Sie so mit, oder brauchen wir die Acht (sagt man in Berlin zu Handschellen)?"

„Geht schon, hab nichts zu verbergen. Schatz, rufe Paul, unseren Anwalt an!"

Ich war nach einer knappen halben Stunde erst einmal wieder auf freiem Fuß, denn das mit der Kindesentführung stimmte, selbst wenn es eine Entführung war, schon mal nicht. Denn das hatte meine

Frau gemacht, nicht ich. Somit war der Haftbefehl erst einmal ausgesetzt.

Da hatte doch dieser Arsch glatt behauptet, ich hätte ihn angeschossen, als er mich beim fleddern erwischte. Ein Anruf beim Gouvi war nicht möglich, weil er ja keinen Telefonanschluss hatte. Also versuchte ich es über den Doc. Mit Verwunderung hörte ich, dass der Gouvi im Gefängnis sei.

„Einen Tag, nachdem Sie weg waren, brach hier die Hölle los. Alle, aber auch alle Polizisten waren im Einsatz. Der Gouvi und seine Haushälterin, selbst ich und mein Bruder wurden verhaftet. Ich durfte abends wieder gehen, mein Bruder nach drei Tagen. Hat nun eine Klage wegen Irreführung der Behörde am Hals bezüglich einer Unfallvortäuschung. Die Haushälterin wegen versuchter Tötung, der Gouvi und wohl auch du wegen Leichenfledderei. Meinen Neffen und Freund wollten die auch festsetzen, doch ging nicht. Der Kommandeur hatte sich vor sie gestellt, auch vor den Piloten. Nun warten wir alle auf die Verhandlung, keiner darf die Insel vorher verlassen."

„Was ist das für ein Mist, wenn ich den angeschossen haben soll, wie kann dann auch die Haushälterin ihn angeschossen haben, wo sie doch im Haus war?"

„Alles ein abgekartetes Spiel. Sie haben nur Angst. Wird auf einen Erpressungsversuch rauslaufen. Doch der Peter von der Militärpolizei hat ein heißes Eisen im Feuer. Er kennt eine junge Frau, welche im Besitz eines heißen Privatvideos ist, auf dem, jedoch in schlechter Qualität, bei einer Vergewaltigung neben dem jetzigen

Gouverneur auch der Polizeichef sowie drei weitere Männer, auch ein Armeeangehöriger, zu sehen sind.

Sie hatte wohl bei einer privaten Gouverneursfeier gekellnert. Beim Aufräumen seien sie dann über sie und ihre Cousine hergefallen. Ihre unattraktive Freundin ließen sie außer Acht, doch diese hatte mutig ihre Videokamera hinter einer großen Bodenvase hingestellt. Am nächsten Tag seien dann wohl zwei Soldaten unberechtigt, oder sagen wir besser, hatten sich verirrt, plötzlich in der Villa des Gouverneurs aufgetaucht, als dieser sich auf einem Empfang befand. Und die Kamera stand wirklich noch da. Liegt bei der Armee, da es schließlich die Tochter eines Soldaten gewesen sei. Wir kämpfen nur noch um die Genehmigung seines Vorgesetzten, da erst eine höhere Regierungsstelle auf dem Festland informiert werden muss wegen dem Polizeichef, dann darf der Vater damit an die Öffentlichkeit."

„Mein Gott, bei Euch auf der Insel ist ja mehr los als in einer Großstadt."

„Sie hatte jedoch Angst vor der Veröffentlichung, und es ist ihr auch peinlich. Am liebsten würde sie mit ihrer Cousine vorher die Insel verlassen, da sie sonst in Lebensgefahr sei. Habe ihr vorgeschlagen, dass wir das irgendwie in die Reihe bekommen und finanzieren könnten. Außerdem besteht die Chance, das dann unser alter Gouvi wieder in Amt und Würde kommt."

„Versichert ihr ruhig, dass es klargeht. Ich frage meinen Klienten, der wird es garantiert übernehmen."

Umgehend, noch bevor ich diese Neuigkeiten meinem Anwalt mitteilte, rief ich meinen Klienten an.

„Keine Frage, ich übernehme die Kosten gern", meinte er, „schließlich ist dieses Schlamassel durch meine Probleme entstanden."

Mein Anwalt meinte nur beruhigend:

„Damit wird der Haftbefehl bei uns in Deutschland so gut wie nicht vollziehbar. Wird sich kein Richter finden."

„Na bitte, endlich mal eine gute Nachricht."

Drei Tage später kam ein Anruf von der Insel. Alle Verfahren seien eingestellt, der Polizeichef sowie vier weitere Polizisten landeten im Gefängnis, der korrupte Gouverneur ebenso. Nur das Schwein, welches mit der Frau unseres Mandanten zusammen war, hat sich selbst eine Kugel verpasst. Der alte Gouvi wurde kommissarisch wieder ins Amt gesetzt, eine seiner ersten Amtshandlungen war, mich zu entlasten.

Doch bevor die Neuwahl kam, ist er leider an Krebs verstorben. Nur der Doc wusste es schon lange, ansonsten hatten sie es geheim gehalten. Er soll aber überglücklich bis zur letzten Stunde gewesen sein, dass er rehabilitiert wurde. Unmittelbar nach seiner Beerdigung, an der die halbe Insel teilnahm, hatte die „Mama" sich mit ihrer Schrotflinte das Leben genommen. Sie wollte nicht mehr ohne ihren Gouvi. Einige munkelten sogar, dass sie ein heimliches Paar gewesen seien.

Kindesentführung nach Marokko

Mein Anwalt beglückwünschte mich, da alle Verfahren vonseiten des Gouverneurs fallengelassen wurden, und fragte gleich:

„Sagen Sie mal, wenn Sie so ein großer Held sind, ich hätte vielleicht auch einen Auftrag für Sie. Also genauer gesagt eine Mandantin, die ihre vierzehnjährige Tochter Elfi wiederhaben möchte. Wurde nach Casablanca entführt von der Familie ihres Vaters, obwohl sie das alleinige Sorgerecht hat. Ist aber nicht ohne, der Auftrag. Haben schon zwei Detektive versucht. Der eine wurde angeschossen, der andere zusammengeschlagen."

„Super, und das bieten Sie mir an! Was würde mich da wohl erwarten?"

„Oh, ganz so schlimm wird es nicht werden, denn nun ist die Polizei informiert und würde das Kind sofort abholen."

„Und warum machen Sie es nicht gleich?"

„Hm, da wäre nur das klitzekleine Problem: Also genauer gesagt, sie müssen es finden. Seit der Entführung ist das Kind nicht mehr gesehen worden."

„Und wie bitte soll ich es finden?"

„Wir haben eine gute Detektivin, die schon viele Kinder gefunden hat. Sie spricht jedoch weder Englisch noch möchte sie als Frau allein nach Marokko fliegen. Die Mutter, eine Bankdirektorin, würde 100.000 Euro zahlen. Zuzüglich Spesen!"

„Also ich weiß nicht. Muss meine Frau fragen, was sie davon hält, schließlich ist es sie, die dann, wenn's schiefgeht, Witwe ist." Mein Lachen klang ein wenig gequält.

Unerwarteterweise hatte sie nichts dagegen.

„Hab ja, wenn es schiefgeht, Celina."

Im ersten Moment war ich verblüfft, um nicht zu sagen enttäuscht. So was von ihr. Sie sah mich an, und plötzlich platzte ein Lachen aus ihr raus.

„Dummkopf, meinst du, ich würde dich da allein hinfliegen lassen? Doch wenn du mich mitnimmst, abbrechen kann man diese Aktion schließlich immer."

„Na ja, anhören kann man es ja."

Bin zwar kein Freund von Banken und ihren Boni, welche letztlich wir Steuerzahler alle zahlen müssen. Aber so könnte ich von diesen Bonzen wenigstens etwas zurückbekommen. Ich sage immer: Wäre die Welt eine Bank, hätte man sie längst gerettet.

Die Mutter war mir nicht sonderlich sympathisch, irgendwie etwas arrogant, doch als sie auf 150.000 Euro erhöhte, hatte sie mich überredet. Zeitlimit nach oben war sechs Wochen für den Auftrag, das war fair.

Meine Sekretärin übernahm wie immer die notwendige Überprüfung, unterhielt sich auch ausgiebig mit dem armen Detektiv aus Wuppertal, den man aufgemischt hatte, sowie mit meiner neuen Partnerin, hatte aber alles seine Richtigkeit.

„Nur, Chef, ich weiß, sie ist dein Typ, vernachlässige mich nicht. Alle reden immer von Bürosex. Wenn das hier nicht bald losgeht, kündige ich. Du weißt, Bürosex ist einklagbar. Ich habe ein Recht darauf, vergesse das nie."

Ich musste schmunzeln. Sie ist eine Gute, sagt nie nein, wozu auch immer ich sie bitte. Und dass sie was draufhat, brauch ich nicht extra zu erwähnen. Gehörte zu unserem täglichen Büroflirt. Ein Teil des Gehalts erhielt sie von mir in natura. ☺

Die Bella, so nannte sie sich, mehr brauchte und wollte ich von meiner neuen Geschäftspartnerin nicht wissen, war eine echt flotte Biene. Oberweite 80B, lange dunkle Haare und willig bis zum Abwinken. Passte absolut in mein Beuteschema. Heidi meinte zu ihr nur:

„Bring ihn gesund wieder. Habe ihn angeleckt, und was ich angeleckt habe, gehört mir. Wenn du das akzeptierst, können wir gute Freunde sein."

„Du – äh, darf ich du sagen? – gefällst mir, so oder so."

„Natürlich, bin die Heidi. Aber was meinst du mit so oder so?"

„Ja erstens finde ich deine Einstellung tolerant und cool, zweitens mag ich Frauen, und wenn schon, dann bist du eher mein Typ als dein Mann."

„Oh, dann sollte ich also mehr auf dich aufpassen, mein Schatz, oder?" kam es von mir.

„Man sollte nie nie sagen", erwiderte Heidi spaßig, „doch ihr wollt mich ja nicht mitnehmen."

„Von nicht wollen kann keine Rede sein, doch du musst erst noch nach Malta fliegen, um das Geschäftliche zu erledigen."

„Stimmt, könnte ich ja einen kleinen Abstecher nach Neapel machen", meinte sie lachend.

„Wage es gar nicht, sie gehört uns!"

„Oh, habe ich da was verpasst, eine Sie?" fragte Bella neugierig.

„Genau genommen zwei Sie", bestätigte Heidi grinsend, „nur dass die eine Sie ein Er ist. Kommt gesund wieder, dann machen wir eine Riesen-Party hier, und du wirst sie kennenlernen. Doch nun macht, dass ihr wegkommt. Ich hasse lange Abschiede."

„Schatz, du scheuchst mich ja fast in die Hölle des Teufels."

„Bist ja auch manchmal einer. Pass auf, Bella, er kann furchtbar sein. Wenn der mal in der Hölle landet, wird der Teufel sicher sagen: ‚Willkommen Meister'."

„Ha cool. Ihr seid ja zwei lustige Vögel."

„Und genau da solltest du aufpassen. Zieht er im Bett die Socken aus, will er es."

„Was bitte?"

„Na vögeln."

„Danke für die Warnung, Heidi."

„War keine Warnung, mehr ein Hinweis, zu duschen", lachte Heidi.

Dann küsste sie mich zum Abschied kurz, ebenso Bella, was der sichtlich gefiel. Ich merkte sofort, dass Heidi sie auch nicht von der Bettkante schmeißen würde.

Auf dem Flug nach Tanger, wir reisten mit Absicht nicht direkt nach Casablanca, um nicht aufzufallen, erzählte sie mir ihre ganze Lebensgeschichte. Bella hatte eine Scheiß-Kindheit.

„Mein Stiefvater hatte mich regelmäßig vergewaltigt, bis ich mit dreizehn von zu Hause ausriss. Da geriet ich jedoch vom Regen in die Traufe. Ein Mann, der versprach, mir zu helfen, zwang mich, für ihn anzuschaffen. Als ich fünfzehn war und er mich wiedermal festhielt, damit drei Türken mich durchvögeln konnten, bekam ich das Messer eines der Türken zu fassen und stach zu. Wegen meiner Jugend erhielt ich dafür lediglich einen längeren Heimaufenthalt. Danach ging ich zur Armee. Kam mit den Männern jedoch nicht klar. Ich verprügelte einen Soldaten, als er mir unter der Dusche von hinten seinen Schwanz reinstecken wollte, so schwer, dass er dienstuntauglich blieb. So musste ich gehen, da Sex untereinander verboten war."

„Aber wie geht das denn?"

„Weil man behauptete, ich hätte es gewollt. Die Schweine haben zusammengehalten, doch ich schwöre, ich hatte mit keinem der Kameraden was. Hatte von Männern nämlich die Schnauze absolut voll. Der letzte Mann war mit fünfzehn. Nachdem ich wie schon gesagt ins Heim kam, vergewaltigte mich ein Aufseher öfter, bis die Heimleiterin sich in mich verliebte. Von da an stand ich unter ihrem Schutz – und ich gestehe, ich fand langsam Gefallen daran. Zärtlichkeiten und einen Orgasmus ohne Schwanz, was gibt es Schöneres?"

„Hallo, kennst meinen doch noch nicht."

„Muss auch nicht sein."

„Muss nicht oder darf nicht?"

„Muss nicht, aber wer weiß? Vielleicht gelingt dir das, mich wieder umzudrehen."

„Wer will denn so was? Umdrehen, nein, nicht die Bohne, nur mitgenießen."

„Aha, stehst wohl auf Dreier?"

„Und wie. Habe mir gleich den 3er-BMW gekauft."

„Mensch, verscheißer mich nicht. Habe gerade angefangen, dich etwas zu mögen."

„Etwas? Reicht mir nicht. Ich erwarte, dass du nachts nach mir schreist."

„Träum weiter. Was ist nun, willst du meinen Lebenslauf weiter hören?"

„Wenn du mir die Chance gibst, dich wieder auf den richtigen Pfad zu führen, okay, war spaßig gemeint."

„Für einen Dreier hast du mich schon gewonnen, wenn ich an deine Frau denke. Würde das reichen für den Anfang?"

„Erzähle Mädel, erzähle, hast mich überredet."

„Meinen Stiefvater hatte vor zwei Jahren endlich der Teufel geholt, und danach bin ich zu Mutti gezogen, da sie einen Schlaganfall hatte. So und nun habe ich es mit 26 Jahren geschafft, eine bekannte Jägerin für Kinderrückholung zu werden. Und um gleich deine nächste Frage zu beantworten: Der letzte Mann war wie ja gesagt damals im Heim, wenn man von zwei Notnummern absieht, die jedoch nur dienstlich waren."

„Wie das denn bitte?"

„Einer, damit er mir in Istanbul den Aufenthalt eines Kindes verrät. Und der zweite war etwas beschissen. Man hatte mich erwischt und verschleppt. Man wollte mich in Moldawien kaltmachen, konnte in letzter Sekunde dem Jungen, schätze Vierzehnjährigen, seine Jungmännlichkeit nehmen, oder wie sagt man das?"

„Null Ahnung, und wie war es?"

„Langweilig, doch nicht so blutig wie bei mir mit zwölf." Sie wurde ernst.

Man konnte sehen, dass es ihr schwerfiel, über diese Zeit mit ihrem Stiefvater zu reden. Ich wollte nicht weiter nachbohren und versuchte abzulenken.

„Musst nichts erzählen, reicht, wenn du an den Dreier denkst, so hoffentlich ich beteiligt sein werde."

„Lass uns doch erst einmal zusammen arbeiten, bevor wir zusammen ficken."

Sie bemerkte, wie ich etwas zusammenzuckte, und sah mich fragend an.

„Habe ich was Falsches gesagt? Hast du mich nur auf den Arm genommen? Willst gar nicht mit mir ficken? Dann bist du da aber eine Ausnahme." Ungläubig sah sie mich an.

„Quatsch, du bist sexy, ich nicht schwul, passt schon. Nur dass du das Wort so normal ausdrückst..."

„Welches Wort ,Ficken', ist es nicht so? Wollt ihr nicht alle nur das eine?"

„Indirekt vielleicht ja, nur das Wort ist schon etwas gewöhnungsbedürftig."

„Okay, was ist dir lieber, bumsen, vögeln, schnattern, dein Auto in meine Garage schieben oder Liebe machen? Irgendwie seid ihr falsch. Kommt doch aufs Gleiche hinaus. Wie klingt denn das: Möchte dich mal richtig durchlieben?" Sie lachte so herzhaft, dass die Nachbarin, eine Mittfünfzigerin, im Flugzeug wach wurde.

Die meinte spaßig:

„Mensch, junge Frau, reden Sie nicht, wie er es auch immer nennen möchte, machen Sie es endlich. Dann können wir wenigstens weiterschlafen. Übrigens ich bevorzuge das Wort ‚Vögeln', aber wenn man so richtig dabei ist, kann man auch das andere Wort sagen. Hilft Euch das weiter?" fragte sie besänftigend und lächelte.

Führte dazu, dass die vier restlichen Gäste in der First Class auch lachten.

„Mensch, Ihr seid alle doof", schmollte sie und hob ihren hellblauen Pullover hoch. Zwei volle Brüste, die noch nicht mit der Schwerkraft zu kämpfen hatten, quollen fast aus dem hübschen BH.

„Wer möchte zuerst?" Sie zeigte uns allen lachend den Vogel und zog ihren Pulli wieder runter. Als sie mein enttäuschtes Gesicht sah, fügte sie leise zu:

„Natürlich hast du, wenn schon, dann die Erstrechte bei mir!"

Als die blonde Stewardess wieder vorbeikam, bestellte sie einen Whisky pur.

„Darf ich? Sind doch nicht im Dienst, oder?"

„Kannst für mich einen mittrinken, ich brauche diese Hilfsmittel nicht."

Aus den zweien wurden vier mit dem Hinweis:

„Sind doch umsonst, und in Marokko trinke ich keinen Tropfen."

„So schlimm findest du mich, bin ich für dich nur im Suff zu ertragen?"

„Okay, hast einen Fi..., äh, such dir aus, wie du es nennen möchtest, gut."

„Aber nur mal nebenbei: Ich bin so schlecht im Bett, das musst du unbedingt erleben."

„Ist doch wenigstens ein Wort. Aufgehoben ist nicht aufgeschoben." Sie hatte schon ein Lächeln, dass man schwach werden konnte.

Schlagfertig kontere ich:

„Jetzt reicht's, entweder raus aus meinem Kopf oder rauf auf meinen Schoss, aber so geht's mit uns nicht weiter."

Unser erster Flirt wurde in diesem Moment unterbrochen, da die Hauptbeleuchtung anging. Die Stewardess brachte warme Lappen, damit wir uns frisch machen konnten. Die Landung in Tanger stand unmittelbar bevor.

„Schade", hauchte sie frech. „Nur noch ein Glas mehr, und ich hätte unter meinem Auftraggeber gelegen."

„Die Toiletten sind hier gar nicht mal so klein, wenn Euch das weiterhilft", meldete sich die Mittfünfzigerin wieder zu Wort.

Der Mietwagen hatte auch schon bessere Zeiten gesehen. Doch wir wollten nicht auffallen. Mit einer Nobelkarosse vielleicht noch in die Slums fahren, die man dort, obwohl es Wohlstand und ein Königshaus gibt, leider auch findet. Man darf in vielen Ländern nie außer Acht lassen, dass Gesetze nur für die untere Bevölkerung gedacht sind. Die Oberschicht hat ihre eigenen und macht nicht selten, was sie will.

In einer Teestube, wo nur ich allein rein konnte, Frauen sind da nicht gern gesehen, drehte ich verabredungsgemäß mein Basecap als Zeichen für unseren Verbindungsmann. Ein Mann, das Alter kaum schätzbar, stand auf und schlug sein Tuch nach hinten, während er die Toilettenräume, wenn man sie überhaupt so nennen konnte, aufsuchte – das Zeichen für mich, ihm zu folgen. In gutem Englisch forderte er mich auf, rechts bis zu einem Markt zu fahren, wo er zu uns ins Auto steigen würde.

Was mir zu diesem Zeitpunkt noch nicht klar war: Bella machte inzwischen einen schwerwiegenden Fehler vor dem Teehaus. Sie stieg mit ihrem schmalen Gürtel, könnte auch ein etwas zu kurzer Rock gewesen sein, aus, um sich die Beine zu vertreten. Ich gab ihr zwar vor der Abreise den Tipp, vielleicht Hosen anzuziehen, doch sie konterte mit den Worten:

„Hallo? Ist irgendwie meine Arbeitskleidung. Meine langen Beine haben mir schon so manchen Gefallen getan. Hast du ein Problem damit?"

„Quatsch doch! Die Leute ticken in Marokko noch etwas anders. Die könnten es falsch auffassen. Ansonsten finde ich deine Beine super. Sollten sie sich mal streiten, sag Bescheid, ich gehe gern dazwischen." ☺

„Danke, wie fürsorglich von dir."

„So bin ich eben. Ritterlich und Gentleman durch und durch, kann aus meiner Haut nicht raus."

Als der Kontaktmann einstieg, sah er verächtlich auf Bella, dann fragte er mich:

„Versteht sie mich?"

Ich schüttelte den Kopf.

„Kaum, wieso?"

„Ist sie deine Hure?"

Im Rückspiegel sah ich, wie Bellas Augen aufblitzten. Sie machte nicht den Fehler, was dazu zu sagen.

„So wie sie rumläuft war sie sofort Gesprächsthema Nummer eins im Teehaus. Ich möchte nicht gern mit ihr zusammen gesehen werden, ist das klar?" kommandierte er im Befehlston.

„Jawohl Sir, klar", antwortete ich zackig und hielt an.

„Raus, du Ratte, so spricht man nicht mit uns. Du nicht!"

Völlig eingeschüchtert stieg er aus. Ich gab Stoff und meinte zu Bella:

„Und nun, wie weiter? Das war's mit unserem Verbindungsmann. Ich hoffe, du hast daraus gelernt und auch noch etwas andere Garderobe mit."

„Tut mir leid. Dass es so krass ist, hätte ich nicht gedacht. Ich habe nur schwarze Leggins mit."

Sie fasste dabei nach hinten, zog ihren Rolli über den Rücksitz und zauberte eine Hose raus.

„Könnte die unterziehen, sieht dann aus wie eine lange Hose."

„Hm, für den Anfang reicht's, doch wir sollten erst mal was zum Anziehen kaufen, und dann muss ich telefonieren wegen dem blöden Verbindungsmann. Ich habe vor vielen Jahren mal was für das marokkanische Königshaus erledigt und noch immer die

Geheimnummer in meinem Kopf, so etwas vergisst man nicht. Mal sehen, ob die noch existiert."

Im Nobelviertel fanden wir so etwas wie eine Boutique, wo sich Bella zwei Jeans und, mit einem Schmunzeln zu mir, einen BH kaufte.

„Ist doch dann sicher auch in deinem Interesse, dieses furchtbare Folterteil, oder?" Sie zeigte auf den BH.

„Im Dienst vielleicht, ja. Bei der Dienstbesprechung lege ich da keinen besonderen Wert drauf", lästerte ich.

Die Telefonnummer war nach wie vor aktiv. Ich solle zum Basar fahren und rechts in dem ersten Gewürzladen ein Wasser holen und das dann mit den Worten „Es ist viel zu kalt, wer soll das trinken?" zurückgeben. Man würde mir dann eine neue Flasche geben, die offen wäre. Im Deckel stehe eine Telefonnummer, die ich nach 20 Uhr anrufen solle.

Na bitte, klappt doch. Nichts geht über gute alte Kontakte zum Geheimdienst. Wir suchten uns ein anderes Hotel im Nobelviertel. War weit weg von dem geplanten, um nicht den Verbindungsmann zu treffen.

„Wow, was für ein Badezimmer!" schrie Bella entzückt, und schon flog ihr Pullover, gefolgt von ihren restlichen Sachen, durch die kleine Suite. Mit den Worten „Ich schlafe links" verschwand sie im Bad.

Gut, verschwand ist leicht übertrieben, da das Bad vom übrigen Zimmer nur durch eine große Glaswand getrennt war. Ungeniert sprang sie unter die Dusche, wo sie geschlagene dreißig Minuten drunter stand. Frauen können so etwas. Ich telefonierte zwischenzeitlich und war erstaunt, da am anderen Ende eine deutsche Stimme war. Und nicht nur das: Sie bot mir an, über die Einwohnermeldestelle nachzuforschen, wo seine Schwester tätig war.

Bella kam, sich abtrocknend, aus dem Bad und fläzte sich auf die Couch. Lächelnd sah sie mich, an sich herunterschauend, an.

„Na, Probleme damit? Durchgefallen oder gebucht?" fragte sie lachend.

Das Handtuch verbarg nur einige Prozent dieses makellosen Körpers, den sie ohne Zweifel einzusetzen vermochte.

„Mann, fühle mich schon viel besser. Einer der vielen Whiskys im Flugzeug muss schlecht gewesen sein. Spaß beiseite, möchtest du, dass ich was überziehe? Dachte nur, weil du vorhin was von Dienstbesprechung ohne BH erzähltest, und wie du siehst, ich pariere aufs Wort!"

„Bei dem Bisschen brauchst du auch keinen", konterte ich.

Wirkt bei den meisten Frauen, so auch bei Bella. Mit einem Funkeln in den Augen ließ sie das Handtuch wie zufällig etwas rutschen. So kam ihr toller Busen noch besser zur Geltung.

„Darf ich rauchen? Oder bist du so ein Spießer?"

„Weder noch. Weder solltest du hier drin rauchen noch bin ich ein Spießer."

„Ah, beleidigte Leberwurst, du kannst austeilen, aber selber einstecken nicht. Solche Leute liebe ich."

Dabei stand sie auf, sich das Handtuch um die Hüften bindend, ging an ihre Tasche und nahm sich eine Zigarette raus. Sich die ansteckend ging sie brav auf den Balkon.

„Hey hey Mädel, vergiss nicht, du bist in Marokko. So solltest du die Leute hier keinesfalls schocken."

„Oh, Scheiß, hatte ich nicht dran gedacht. Wo ich sonst tätig war, war es sogar hilfreich, sich Freunde zu machen, was ich mit diesem Aufzug schnell erreichte."
Sie zog das Handtuch hoch und genoss ihre Zigarette.

„Ich bestelle eine Kleinigkeit für die Nacht, wenn's dir recht ist."

„Danke, schon wieder so ein Ding von dir. Reich ich dir nicht?" Dabei sah sie mich gespielt schmollend an.

„Dachte mehr ans Essen. Willst du Tee oder Kaffee?" fragte ich.

„Kaffee hält wach, und Tee regt an. Kommt also darauf an, was du mit mir vorhast." Sie grinste.

„Dann bestelle ich Wasser, wäre nicht falsch, wenn du nüchtern wirst und wieder zu dir kommst, damit dir bewusst wird, wozu wir hier sind."

„Spielverderber, dann bitte Jasmintee, man soll ja die Hoffnung nie aufgeben."

Nachdem der Zimmerservice den Snack gebracht hatte, kam sie wieder rein und zog sich ungeniert vor mir an. Okay, wo sollte sie auch hin. Nur ein Zimmer und das Bad durchsichtig. Lediglich das Klo war durch eine kleine Tür getrennt. Ungewollt musste ich mitansehen, wie sie mit der Jeans kämpfte. Ich gab ihr einen Tipp aus meiner Jugendzeit:

„Am besten legst du dich aufs Bett und ziehst sie im Liegen an, haben wir, in den sechziger Jahren immer so gemacht, da war mehr als eng ,in'. Da legten sich die Mädels sogar mit den Dingern in eine Badewanne, damit sie auch richtig eng wurden."

Lachend befolgte sie meinen Ratschlag, wobei ihre Brüste, bis sie den neuen BH anhatte, womit sie sich zu meiner Freude Zeit ließ, hin und her sprangen. Was dazu beitrug, dass ich meinen kleinen Freund da unten echt verwarnen musste.

Beim Essen diskutierten wir über die weitere Vorgehensweise. Meine lauten Gedanken, ob sie hier in diesem Land eine Hilfe für mich sei, machten sie wütend:

„Ich kann auch anders, sagte ja: Spießer!" Sie stand auf, zog einen Pulli nach dem andern über, drei Stück an der Zahl, und setzte sich trotzend wieder hin.

Grinsend nahm ich ihre Trotzhaltung zur Kenntnis.

„Steht dir gut. Siehst zum Anbeißen aus", zog ich sie auf.

„Mann, dir kann man auch nichts recht machen, denkst nur an das eine, oder?"

„Tut mir leid, Prinzessschen, im Moment mehr an das andere."

„Gut, die nette Anrede entschädigt mich vorerst. Hast du was am Telefon erreicht?"

„Morgen gegen acht kommt ein Pärchen, das Deutsch spricht und helfen könnte, da beide auch gewisse Vollmachten besitzen. Dann wäre es nicht schlecht, wenn du dich mit der Frau absprichst. Die kann dir sicher etwas über die Sitten in Marokko erzählen, damit wir nicht gleich ins nächste Fettnäpfchen treten."

„Oh, ‚wir' sagt der Herr, wie gnädig. Meinst wohl mich?"

„Sind wir ein Team oder nicht? Lass das, war Schnee von gestern und Schluss! Ist ja nichts passiert, besser gleich als..."

Ich gestehe, die Nacht war etwas gewöhnungsbedürftig, zumal sie nur einen kleinen hellblauen Slip trug, doch wie sagt man so schön: Dienst ist Dienst, und Schnaps ist Schnaps.

Bereits gegen 7.30 Uhr, Bella war wieder unter der Dusche, klingelte das Paar durch, dass es unten sei. Bella gelang es echt, in einigen Sekunden in ihre diesmal angepasste Garderobe zu schlüpfen, bevor es klopfte. Machten beide einen guten Eindruck, und so war es auch.

„Hallo, bin der Anton, zwar nur Rucksackdeutscher, also genau genommen Österreicher, aber trotzdem pünktlich deutsch! Meine Frau Hanna ist Marokkanerin, mit ihr hatten Sie ja telefoniert. Wir stehen für Euch zur Verfügung. Erst mal sind drei Tage angesetzt. Ihr sucht also ein Mädchen? In Tanger?"

„Nicht direkt in Tanger, kann auch woanders sein", sagte ich noch etwas vorsichtig, um nicht gleich die ganzen Karten auf dem Tisch zu legen.

„Hanna hat außerordentliche Befugnisse. Also was Behörden angeht oder so sind die ihr gegenüber auskunftspflichtig, hoffe das hilft uns. Ist das Euer Mietwagen da unten? Nicht klug, so was fahren hier nur Touristen. Sieht man am Nummernschild. Wir haben einen Chrysler, passt besser."

„Hm, aber wir wollten nach Casablanca", posaunte Bella raus. Dann ängstlich zu mir schauend, als wenn:

‚Scheiß sollte ich besser nicht sagen, oder?'.

Ich winkte ab:

„Ja, vielleicht, wie sehen Eure Beziehungen in Casablanca aus?"

„Auch gut, zwar nicht so wie hier, aber haben da schließlich auch genügend Kontakte."

„Könnten wir gleich aufbrechen?"

„Könnten wir, ja."

Sie waren nette Gesellen, die Fahrt wurde lustig, weil Hanna sich halb tot lachte, als sie von der Reaktion des ersten Verbindungsmanns hörte.

„Ja, hier haben die Frauen einen anderen Stellenwert als bei Euch. Wenn sie überhaupt einen Wert haben, außer zum...", sagte sie etwas traurig. „Man zeigt sich nur seinem Mann. Ich bin da zwar offener darin, doch 90 Prozent sind da total altmodisch. Hat auch Vorteile, man muss sich nicht doll schminken", fügte sie lachend zu.

Wir legten uns als Legende zu, dass wir beabsichtigen würden zu investieren, Hotelanlage oder Appartements, und dazu Grundstücke suchen. Kommt immer gut. Da wittert jeder ein Geschäft, selbst wenn er dich weitervermittelt, und das öffnet ungeahnte Türen.

Der Behördenweg brachte uns in Casablanca die ersten beiden Tage nicht einen Millimeter weiter, auch nicht der Besuch einiger Teestuben mit dem Ösi in dem Bezirk, wo sie sich angeblich aufhalten sollte. Der Abend war für Bella etwas, wovon sie kaum genug bekam, erzählte doch Hanna, wie die Frau hier ihrem Mann zu dienen hatte. Bella musste jede Einzelheit wissen. Okay, ich nicht weniger.

„Was ist, wenn du mal Lust hast?"

„Wie Lust? Wir sind beschnitten und außerdem daran gewöhnt nichts zu fordern."

„Scheiß, das wäre nichts für mich, und so unter Frauen, was läuft da so?"

Da antwortete Anton:

„Ich glaube, wenn wir Männer nicht da sind, lassen die diesbezüglich nichts aus."

Hanna selbst sagte nichts. Mit keinem Blick zeigte sie, was sie dazu meinte.

„Na ja, wäre ja wenigstens etwas für mich zum Fischen", sagte Bella schmunzelnd.

„Komm, Hanna, ich habe eine weiblichere Idee. Bringt uns morgen mal zu einer Moschee in diesem Viertel, wo wir die vermuten."

Sie ließ sich von Hanna ein Tuch geben, und beide verschwanden. Bereits an der fünften Moschee schien es, als hätten wir einen Hinweis.

Hanna rief uns im Wagen an.

„Mann, ist das eine Ausgebuffte", erzählte uns Hanna. „Heult dem Vorbeter was vor von wegen ihre Tochter sei abgehauen, und nun käme sie nicht an ihre frischgemachte Erbschaft ran, da diese als Haupterbin wenigstens mitunterschreiben müsse. Wenn sie ihre Mutter nicht sehen möchte, müsse sie das akzeptieren, doch die Unterschrift müsse in den nächsten fünf Tagen beim Konsulat vorliegen, da die Erbschaft sonst verfallen würde. Es wären vier Millionen. Der Tochter stehe davon die Hälfte zu. Sie würde das Dokument vom Konsulat sofort zur Moschee bringen oder wenn sie ihr nicht trauen, was sie verstünde, sollten sie eben jemanden mit zum Konsulat mitschicken. Dann könne der sich davon überzeugen und es selber an ihre Tochter weiterleiten.

Sie wäre bereit, dafür 50.000 Dollar zu spenden. Dann zeigte sie dem einen Batzen 100-Dollar-Geldscheine. Wusste gar nicht, wie reich Ihr seid. Ich musste ja übersetzen und habe behauptet, dass ich von der Regierung sei und bei der Abwicklung der Erbschaft behilflich sein solle. Mein Ausweis vom KMAM hatte ihn überzeugt. Ist so was wie das marokkanische königliche Amt für Ausländerangelegenheiten. Sah ich an seiner Reaktion sofort. Sollten wir dranbleiben. Jetzt seid Ihr an der Reihe. Wir gehen etwas shoppen und lassen uns von meinem Cousin abholen. Wir kommen besser nicht zu Euch, falls sie uns beobachten."

„Gute Idee, kannst du uns schildern, wie der aussah?"

„Wie unser Boy Achmed, doch ich glaube, da war noch ein Kleiner, sah aus wie der Doktor von dir, es könnte sein."

„Halt, warte mal. So einer kommt gerade aus der Moschee und steigt auf ein Fahrrad, wir hängen uns ran." Blöderweise fuhr dieser zu einer Teestube, wo er in aller Ruhe seinen Tee genoss. Ich nahm mir eine Zeitung, um weniger aufzufallen, als nach zwanzig Minuten ein Älterer sich zu diesem setzte. Schon nach einigen Minuten brach dieser wieder auf. Schnell simste ich dem Ösi, ob er an dem dranbleiben könne, ich würde hier bei dem anderen bleiben. Dumme Situation. Welcher, wenn überhaupt, ist wichtiger?

Ich grübelte: Wo hat Bella soviel Knete her? 50.000 Dollar als Bündel? Spielt sie falsch? Viele Gedanken, für die ich im Moment keine Antwort fand, schossen mir durch den Kopf.

Mein Patient bezahlte und verließ die Teestube. Zum Glück fuhr er mit seinem Rad zurück zur Moschee. Zu Fuß hätte ich schlecht ausgesehen. Damit es nicht auffiel, ließ ich mir in einem Handyladen gegenüber der Moschee ein Handy andrehen. Schließlich konnte ich schlecht als Ausländer auf der Straße rumlungern. Unser Ösi hingegen schien mehr Glück zu haben. Nach zwanzig Minuten rief er an. Er sei etwa dreißig Meilen außerhalb der Stadt Richtung Süden. Der Typ sei in ein Haus eingangs eines Dorfes gefahren. Wurde dort erwartet, denn das Tor wurde unmittelbar, nachdem der reinfuhr, geschlossen. Mehr konnte er nicht sehen. Damit es nicht auffiel, fuhr er weiter durch das kleine Dorf.

Er holte mich aus dem Handyladen ab und meinte:

„Gib's Hanna, die bringt es morgen zurück, ist hier kein Deal."

Zurück am Hotel, Hanna und Bella waren noch nicht da. Ich wurde unruhig. Was sollte das mit dem Geld? Versuchte Bella etwas auf eigene Faust? Noch als ich mich mit diesem Gedanken befasste, kamen sie mit einigen Einkaufstüten zurück. Auf meine Frage „Ist was von deinen 50.000 Dollar übriggeblieben?" lachte sie nur und schaute belustigt zu Hanna.

„Siehst du, wie gut ich ihn kenne, sagte ich dir nicht, das wird ihn beschäftigen."

Sie fasste in ihre Tasche und warf mir das Bündel zu.

„Für 500 Euro verkauf ich's dir, Deal?"

Es waren lediglich unten ein und oben zwei 100-Dollar-Scheine, ansonsten noch ca. 200 1-Dollar-Scheine. Der Rest sogar nur Spaßdollar, die nichts wert waren.

„Meine Reisekasse! Das zieht fast bei jedem. Dazu klopfe ich auf meine Hosentasche, als hätte ich da eine Waffe. Damit keiner auf dumme Gedanken kommt. Klappt bereits etliche Jahre. Warum sollte es hier anders sein? Nur dass ich dem Alten in der Moschee nicht die angebliche Waffe vorspielte."

Ich grinste.

„Bist sicher eine gute Pokerspielerin."

„Versuch's doch rauszufinden. Nicht nur das", erwiderte sie mit einem Augenaufschlag, der alles sagte.

„Hey, solche Spielchen vermisse ich hier. Wollte mal mit meiner Frau und einem anderen Pärchen einen netten Abend verbringen, doch es blieb dann lediglich beim Tanzen. Keiner wollte so richtig den Anfang machen."

„Frag uns doch", konterte Bella und sah Anton genauso verführerisch an.

„Vielleicht sollte ich mal mit deiner Hanna üben, kann ihr bestimmt einiges beibringen."

„Oder sie dir. Ich glaube, in Sachen Frauen ist sie ein Gedicht, hatte jedenfalls mein Freund mir bei Tennis mal erzählt. Hatte er wiederum von seiner Frau gehört. Die beiden sind seit Jahren eng befreundet."

„Uns brauchst du das nicht zweimal fragen", fantasierte sie. Schließlich hatten wir beide weder was miteinander noch überhaupt so was gemacht. Oder konnte sie etwa Gedanken lesen?

„Tut mir leid, wenn ich eure Kuppelei unterbrechen muss. Wir sollten lieber überlegen, wie wir feststellen könnten, ob die aus dem Haus was mit der Bankierstochter zu tun haben, wenn sie nicht sogar da untergebracht ist. Wie ist es hier bei euch mit Schule?"

„Keine Pflicht wie bei euch und wenn, werden die von einem privaten Schulbus gefahren."

„Gut, was kommt sonst noch in Frage?"

„Nicht viel. Ist nicht so wie bei euch. Einfach mal klingeln oder so."

„Manche verkaufen Oliven von Haus zu Haus, wäre doch was für mich", warf Hanna ein.

„Ja, passt", sagte Anton.

„Gute Idee, fahr mit deinem Cousin zum Markt und kaufe ein paar Kilo. Am besten auch gleich einige Schalen dafür. Damit, falls du Erfolg hast, sie das umfüllen müssen. Würde Zeit bringen, so kommst du eventuell ins Haus, zu mindestens jedoch kannst du dich in dieser Zeit etwas umsehen."

„Gut, zum Markt sollte Hanna gleich morgens aufbrechen. So wäre sie zum Frühstück wieder zurück und kann frisches Obst mitbringen. Lasst uns schlafen gehen, nicht dass wir euer verlockendes Angebot noch annehmen", lachte Anton mit einem Blick zu Bellas Busen, der Hanna zornig zu machen schien.

„Wenn du nicht schlafen kannst, klopfe einfach an die Wand, Anton."

Wir hatten ja jetzt zwei Hotelzimmer, die direkt nebeneinanderlagen.

Und zu Hanna:

„Mensch, war ein Witz. Bin doch lesbisch, was soll ich mit deinem Mann anfangen?"

Hannas Blick hellte sich etwas auf.

„Bis morgen zum gemeinsamen Frühstück bei uns."

Sie sah auf Bellas Busen und flüsterte „Ich habe da auch etwas aufzuweisen", küsste Bella flüchtig, wurde dabei knallrot und rannte fast, ohne sich nochmal umzusehen, aus dem Zimmer.

„Hallo, hast du etwa meine Frau überzeugt? So kenne ich sie überhaupt nicht. Darf ich auch?"
Bevor Bella antworten konnte, hatte er ihr auch ein Kuss gegeben, was sie lächelnd hinnahm. Doch den Griff an ihren Busen an der Tür hätte er sich sparen sollen. Wäre gesünder gewesen für ihn. Ohne zu zögern verpasste ihm Bella einen Tritt in die Eier.

„Beide oder keiner mein Freund, hast doch deine Hanna." Lachend schloss sie die Tür.

„Tolle Themen hattet ihr ja", meinte ich, als sie gähnend begann, sich zum Duschen vorzubereiten.

„Wieso, was dagegen? Sind doch zwei ganz Nette. Hanna wäre sogar mein Typ."

In diesem Hotel hatten wir zwar ein geschlossenes Badezimmer, doch nach dem Duschen kam sie wie am ersten Abend nur mit Handtuch und nahm wieder ihre aufreizende Stellung auf der Couch ein.

„Man merkt, dass du dir nicht viel aus Männern machst, sonst würdest du nicht so aufreizend dasitzen. Schließlich ist ein Mann auch nur ein Mensch und hat Gefühle."

„Lass es doch drauf ankommen. Wenn du mich suchst, ich liege links direkt neben dir im Bett."
Bewusst provozierend wackelte sie halbnackt mit einem herausfordernden Blick, der meinen Freund sofort die „Habachtstellung" einnehmen ließ, an mir vorbei. Doch ich blieb standhaft. Sich nochmals umdrehend flüsterte sie:

„Das mit den Gefühlen kann man bei dir sogar sehen." Dabei blickte sie frech zu meiner Hose.

Der Morgen war so, wie man ihn sich im Paradies vorstellt. Die Sonne strahlte bereits soviel Wärme aus, dass einen schon das Hemd nach Minuten am Körper klebte. Bella erging es nicht anders. So zog sie kurzerhand ihren BH unter der Bluse wieder aus. Da die Bluse kaum durchsichtig war, konnte man es geradeso vertreten.

Reichte aber trotzdem, dass Anton beim Frühstück sich mehr auf Bellas Oberweite als auf das Essen konzentrierte, was zur Folge hatte, dass Hanna verärgert aufstand und den Raum verließ. Gerade wollte ich Bella etwas zurechtweisen, als Hanna mit einem wunderbaren Lächeln im Gesicht zurückkam. Sie nahm ihren Teller und schob diesen nun neben meinen. Erst Bellas „Wow" ließ mich Hanna genauer betrachten. Sie hatte tatsächlich auch ihren BH unter der zwar weitaus undurchsichtigeren Bluse ausgezogen. Fantastisch, sie schlug Bella sogar noch mit ihrer Oberweite.

„Mensch, Hanna, cool, da kann ich nicht mehr mithalten. Anton, was hast du nur für ein Juwel an deiner Seite."

„Du meinst wohl an Henrys Seite", knurrte er, doch man merkte, dass es spaßig gemeint war. Zu Hanna gewandt sagte er:

„So kenne ich dich gar nicht, mein Täubchen. Komme mir gleich wie in Europa vor."

„Ein altes arabisches Sprichwort sagt ,Wenn du mich schon verkaufen willst, soll er vorher die Ware betrachten können'."

„Wieso nur er, Anton, sag was, und ich?"
protestierte Bella. Er lachte und meinte:
„Na, du bist doch schließlich der Preis für Hanna."

Wie genau er das meinte, weiß ich bis heute nicht. Es
klopfte. Hanna verschwand mit rotem Kopf im Bad.
Anton ging zur Tür, um zu öffnen. Es war der Cousin, der
Hanna heute auf ihrer „Verkaufstour" fahren sollte. War
ein großgebauter Schlanker mit einer leicht bräunlichen
Hautfarbe. Der ließ selbst Bella etwas unruhig werden.
Sein Lächeln zeigte, dass ihm ihre Garderobe gefiel.
Hanna kam aus dem Bad, nun wieder brav mit BH, nahm
ihre Tasche und Kopftuch und meinte:
„Komm, lass uns gleich gehen, die Zeit rennt,
wollen ja um 14 Uhr in der Moschee sein, und sehen, ob
Bellas Versuch was brachte. Hast du die Oliven in die
Schalen im Wagen umgefüllt?"
Er nickte.
„Viel Erfolg!" rief ich ihr noch zu. „Sag mal, Anton,
sollten wir nicht besser hinterherfahren für alle Fälle?"
„Nein, bloß nicht. Es ist ein kleines Dorf, und das
würde sofort auffallen, zumal ich ja gestern schon da
war. Ihr Cousin wird schon aufpassen."

Bereits mittags kamen sie zurück. Hanna war
unglücklich, denn sie wurde alle Oliven los, fand aber
nicht wirklich einen Beweis, dass in einem dieser Häuser
Elfi war.
Bella hatte sich bereits umgezogen. Vielleicht ist wieder
nichts dran, doch mein Gefühl sagte mir: Der in der
Moschee weiß was. Mir kam eine Idee. Wenn die, die das
Kind haben, das Geld wittern... Nicht dass sie die schnell

verheiraten, um dann rechtmäßig an deren Kohle zu kommen.

„Sag mal, Hanna, wenn man eine ‚Ungläubige‘, wie ihr sagt, heiraten will, macht das auch der Vorbeter?"

„Da fragst du mich zu viel, ich müsste mich erkundigen."

„Egal, lass uns erst mal die Moschee besuchen."

„Lass euch nur ungern hin. Soll ich euch nicht bringen?" fragte Hannas Cousin.

„Bringen schon, doch zwei Straßen vorher halten und meinetwegen warten, reingehen müssen wir schon selbst."

Beide verschwanden im Nebenraum der Moschee, wo sie das erste Mal waren, als ein schwarzer Mercedes an dem Cousin vorbeifuhr. Der war sicher, darin den Mann von dem Hof, wo sie ja auch Oliven verkauften, erkannt zu haben. Er hängte sich ran, und richtig, der hielt vor der Moschee, und zwei Männer gingen dort rein. Hannas Cousin war am Verzweifeln, bestand doch die Gefahr, dass Hanna wiedererkannt wurde. Er hielt kurz vor der Moschee und sprach einen jungen Mann an, der mit dem Fahrrad dort stand.

„Willst du dir 20 Dollar verdienen? Meine Schwester ist da drin, und ich muss wissen, was da läuft. Ich befürchte, sie will abhauen und ihren Mann verlassen. Wenn du siehst, dass sie mit zwei Männern, die eben reingingen, Kontakt aufnimmt, dann niest du ganz laut als Zeichen. Ich stehe draußen neben der Tür, Kleiner, verstanden?"

„Nicht Kleiner, bin der große Hassan." Er streckte grinsend die Hand nach der 20-Dollar-Note aus und verschwand in der Moschee.

Der Cousin rief uns an, um die neue Situation zu schildern.

„Dann wird da doch eine Verbindung bestehen, wir sollten zu Hanna fahren", gab ich zu bedenken.

„Quatsch, jetzt wo wir vielleicht eine Spur haben, ihr Cousin ist da, wir sollten besser sofort zu dem Haus fahren, denn zwei Männer sind verbindlich nicht da. Vielleicht können wir irgendwas erfahren."

„Wie sieht es aus, wenn wir einen Unfall vortäuschen oder eine Krankheit? Du brauchst sofort Wasser, um ein Medikament einzunehmen. Ich könnte dann vielleicht ins Haus kommen."

„Gut, Henry, versuchen wir's. Könnte klappen."

Ich hatte mal in Berlin eine alte Zigeunerin, die bei mir um Wasser bat. Während ich das holte, schlüpfte ihre Tochter unbemerkt ins Bad, was zwei Türen hat, von wo aus sie ins Wohnzimmer kam. Nur dem Umstand, dass unsere Katze vor Schreck eine Vase umstieß, habe ich es zu verdanken, dass ich diese Göre entdeckte. An ihren langen Haaren zog ich sie brutal hinter mir her und schmiss sie raus, während meine Frau die Alte rausbeförderte.

Längst waren wir runtergerannt, und er gab seiner Mühle Stoff, hätte ich ihm nicht zugetraut. Bereits nach elf Minuten waren wir vor Ort. Das Tor stand offen. Er torkelte zum Eingang, wo ihn eine Frau misstrauisch ansah, doch dann reinging, um Wasser zu holen. Ich hatte ein Fenster im ersten Stock über einem Schuppen entdeckt, was in zwei Sekunden mit dem Schraubenzieher zu öffnen war. Es war ein

Schlafzimmer, die nächste Tür ein Ankleideraum, doch dann, die zweite Tür danach, war verschlossen. Leise klopfte ich an. Eine Kinderstimme sagte etwas, was ich jedoch nicht verstehen konnte. Also kam mein Dietrich zum Einsatz. Ein einfaches Schloss, was keinem Dietrich widerstehen konnte. In der Ecke saß ein Mädchen an einer Art Schreibpult und sah erschrocken auf. Ohne Zweifel, das war Elfi, hatte ja tagelang das Foto studiert, das die Mutter uns mitgegeben hatte.

"Hey, deine Mama schickt mich, willst du zu ihr?" Misstrauisch fragte sie:

"Wer bist du, und woher kennst du meine Mutter?"

"Sie schickt mich, um dich zu holen, sieh." Ich fasste in die Tasche und zeigte ihr ein Foto der Mutter.

"Endlich!" schrie sie vor Freude, was unser Verderben war, da das durch das ganze Haus hallte. Ich hörte, wie jemand langsam die Treppe raufkam. Sie wollte etwas aus einer Schublade holen.

"Komm schnell, lass alles liegen, es kommt jemand die Treppe rauf."

"Ist der Großvater, ein ganz schlechter Mensch, aber der kann kaum laufen." Im Vorbeirennen sah ich einen Mann mit einem Stock die Treppe hochkommen. In der anderen Hand hielt er ein altes Gewehr. Ich schloss die Tür von dem Raum, wo ich durchs Fenster kam, hinter mir und schob einen alten Bauernschrank davor.

Elfi kapierte sofort, dass es um alles ging, und half kräftig mit. Draußen schrie jemand was auf Arabisch. Der Sprung auf das Schuppendach war nicht tragisch. Elfi wollte nicht so recht. Erst als sie hinter sich einen lauten

Knall hörte, sprang sie, als ginge es um ihr Leben, mutig in meine Arme. Sie konnte ja nicht ahnen, dass es fast so war.

Anton war damit beschäftigt, die alte Frau abzuwehren, die sich an ihm festklammerte, als ihm der Zufall zur Hilfe kam: Sie rutschte aus und verletzte sich am Knöchel, sodass er weglaufen konnte. Der Alte hatte, wie wir später von der Polizei erfuhren, durch die Tür geschossen, was ja keine große Gefahr bedeutete, da er nichts sehen konnte und der Schrank davorstand.

Anton hatte längst den Wagen geholt. Gefolgt von drei Jungs um die vierzehn, die den Wagen mit Steinen bewarfen. Trotzdem fuhr er weiter, direkt zwischen uns, um uns Deckung zugeben. Guter Mann, dachte ich mir, versteht sein Handwerk. Wir sprangen rein, wobei Elfi ein Stein am Hinterkopf traf. Heftig begann sie sofort zu bluten. Doch sie sagte keinen Ton, schien vor Angst einen Schock zu haben. Anton musste irgendwie auf dem Hof drehen, was uns wertvolle Sekunden kostete.

„Wo ist dein Verbandskasten?" schrie ich.

„So etwas gibt's hier nicht."

Ich nahm ein Kissen, das auf der Rückbank lag, und presste es an ihren Kopf.

„Kannst du das festhalten, Elfi, hört gleich auf zu bluten." Wortlos hielt sie das Kissen mit meinen Händen.

„Komm", ich zog sie runter auf den Fußboden, damit sie nicht zu sehen war. Als ich mein Hemd auszog, hörte ich ein Motorrad.

„Scheiße, der hat eine Waffe!" schrie Anton.

„Und ist schneller!"

Als wir durchs Tor rasten und rechts in die einzige Straße Richtung Casablanca einbogen, fragte Anton achselzuckend:

„Was soll ich machen?"

„Fahr ganz links, damit er, wenn, nur rechts überholen kann."

Noch hatten wir Vorsprung und ich das Hemd aus.

„Nimm das, Elfi, ist besser. Ganz doll draufdrücken, auch wenn's wehtut."

„Tut nicht weh, aber ich habe Angst. Was ist, wenn der uns kriegt, muss ich dann wieder zurück?"

„Wie soll der uns kriegen, Kleines? Wir sind hier das beste Team auf diesem Planeten! 007 ☺ ist ein Anfänger gegen uns. Musst du erst mal unsere Frauen kennenlernen, die warten auf dich in Casablanca. Da ist Lara Croft ein Lacher gegen. Aber du bist genauso tapfer."

Trotz ihrer Verletzung glaubte ich ein Lächeln auf ihrem Kindergesicht zu erkennen.

„Wo ist Casablanca? Ist das weit weg? Ist das nicht in Afrika? Ich war noch nie aus dem Haus, seit ich mit einem, ich glaube Lastwagen, hierhergebracht wurde. Hatte auf dem Schiff Tabletten bekommen, und dann war ich plötzlich bei diesen fiesen alten Leuten. Er meinte, er wäre mein Großvater und würde mich noch diesen Monat verheiraten. Geht doch gar nicht, bin doch noch ein Kind, oder?" Es sprudelte richtig aus ihr raus.

„Mensch, hör auf zu quatschen. Henry, der hat uns gleich. Ich kann ihn nicht mehr aufhalten."

Anton fuhr wie ein Besessener und versuchte, den Verfolger zu blockieren. Ich kletterte nach vorn.

„So, lass ihn jetzt rankommen. Wenn ich schreie ‚Los!‘, bremst du, egal, was passiert. Und schau nur nach vorn."

Es klappte wie im Training vor zwanzig Jahren in Bremen: Als er rechts vorbei wollte, stieß ich die Tür auf. Anton stieg mit aller Kraft auf die Eisen. Ein kurzer Knall, und der Motorradfahrer überholte uns, jedoch ohne sein Motorrad, was in die Tür knallte, welche dabei etwas neu designt wurde. Zu seinem Glück flog er nach rechts in den Graben.

„Scheiße!" schrie Anton und wollte anhalten.

„Fahr weiter, du Idiot, der ist scheißegal. Sie muss ins Krankenhaus!"

Elfi, die unten auf dem Boden saß, wunderte sich zwar über den Krach mit der Tür, doch sonst hatte sie nichts mitbekommen. Ich fand, sie musste schon genug durchmachen.

Zum Glück begegneten wir kurz danach, einem Polizeiwagen. Als wir erklärten, dass „Antons Tochter" gestürzt wäre, eskortierten sie uns zum nächsten Krankenhaus. Dass wir vergaßen, den Motorradfahrer zu erwähnen, war nicht unbeabsichtigt, da wir sonst sicher nicht so schnell ins Hospital gekommen wären und unangenehme Fragen hätten beantworten müssen. Während die Kleine verarztet wurde, hatte Anton anonym den Unfall gemeldet.

Der Versuch, mit den Frauen Kontakt aufzunehmen, scheiterte laufend, sodass wir sicherheitshalber ein anderes Hotel suchten, wo wir mit der Kleinen nach dem Röntgen eincheckten. Da auch der Cousin nicht ans Telefon ging, wurden wir immer unruhiger.

Da rief Bella an und meinte, wir müssten sofort ins Krankenhaus kommen.

„Verdammt, da kommen wir doch gerade her. Wir waren mit Elfi in der Notaufnahme. Aber sie ist soweit okay."

Komischerweise ging Bella nicht darauf ein. Hallo, war doch unser Auftrag, und die halbe Miete hatten wir doch schon, nun hieß es nur noch, sie nach Hause zu kriegen.

„Kommt schnell, Station 1, erster Stock."

„Gut, Station 1. Ist mit euch alles okay? Ich bleibe bei der Kleinen, Anton kommt."

„Nein! Station 1 ist wohl die Intensivstation. Anton sollte sich beeilen."

Bevor sie mir Näheres sagte, hängte sie auf. War für Anton die Hölle, weil er befürchtete, dass was mit seiner Hanna passiert sei – und dann gleich Intensivstation, verdammt.

Nach zwanzig Minuten, Anton war längst im Krankenhaus, rief Bella an. Diesmal etwas ruhiger.

„Verdammt, Henry, bin total erledigt, habe glaube ich einen Mann erstochen, und Hannas Cousin, ich weiß nicht, ob er es schafft. Wir hatten an der Moschee den aus dem Haus getroffen, wo sie war. Hanna rief mir nur zu: ‚Los, schnell, wir müssen weg!', dann drehte sie sich um und rannte aus einem Seiteneingang raus. Ich hinterher."

„Was war denn passiert?"

„Der hatte sie wiedererkannt und Lunte gerochen und ging sofort mit einem Messer an Hannas Kehle. Zum Glück schrie da ein arabischer Junge, und ihr Cousin war zu unserem Glück eine Sekunde später da. Dann ging alles verdammt schnell, der zweite Mann zog ein Messer und stach auf den Cousin ein. Ich sprang den, der Hanna erwischte an, habe ihm das Messer aus der Hand gerissen und mehrmals auf ihn eingestochen. Um genau zu sein ‚viel' mehrmals! Ich hörte erst auf, als zwei andere Männer angerannt kamen, den anderen festhielten und Hanna was schrie. Hanna rannte zu ihrem Cousin, der am Boden lag, und versuchte, ihm was zu sagen. Ich war blutverschmiert und dachte, dass ich schwer verletzt sei. Doch nichts, alles dem sein Blut. Ich war total fertig, habe so etwas noch nie gemacht. Was passiert nun mit mir?"

„Gar nichts, war einwandfrei Nothilfe, die du geleistet hast. Ist straffrei! Mach dir deswegen keinen Kopf. Ich glaube, wir oder besser ich habe auch einen auf dem Gewissen. Kannst du weg da? Kommt Anton klar? Wie geht es Hanna?"

„Mann, viele Fragen auf einmal. Er kommt klar, ich kann weg, ja, die Polizei war bereits da. Als Hanna einen Ausweis zeigte und mit denen sprach, gingen die beiden, mich fast mitleidig lächelnd ansehend, wieder."

„Hast du dein Geldbündel dabei? Kannst du Anton 300 Dollar geben? Wir hatten nicht genug für die Behandlung bei, er musste seinen Pass dalassen, so könnte er das gleich miterledigen."

Ich gab ihr die Adresse, damit sie mit dem Taxi zur neuen Unterkunft kommen konnte.

Elfi schlief bereits tief, sicher vor Erschöpfung, außerdem hatten sie ihr im Krankenhaus eine Spritze zur Beruhigung gegeben.

So hatte ich Bella noch nie gesehen. Sie schien total erschöpft, und mit einem tiefen Seufzer fiel sie mir um den Hals, wo sie sich erst einmal ausweinte.

„Gut so, Bella, lass es raus."

Ihre Kleidung war noch blutverschmiert. Als sie sich etwas beruhigt hatte, ging sie in das Bad, was man kaum so nennen konnte. War lediglich eine Duschecke mit einem dreckigen, zerrissenen Vorhang.

Nach zehn Minuten, ich hatte so ein ungutes Gefühl, ging ich ihr nach. Völlig abwesend stand sie unter der Dusche und ließ sich berieseln.

„Komm, Bella, reicht, nimm dir den Bademantel – zum Glück gab es hier so was, denn wir hatten ja keinerlei Sachen bei – und komm, dann erzähle in aller Ruhe. Wer ist auf der Intensivstation, nur der Cousin?"

„Nur der Cousin, die andern waren plötzlich weg, sogar die beiden, die Hanna geholfen hatten. Nur der Junge, der hatte auch die Ambulanz gerufen, blieb. Als man den Cousin eingeladen hatte, drückte ihm der kleine Junge 20 Dollar in die Hand. Weiß nicht, was das bedeuten sollte, vielleicht ist das hier Sitte oder so. Aber er hat Hanna und vielleicht mir das Leben gerettet. Denn wenn er nicht geschrien hätte, hätten die Schweine uns vielleicht wirklich abgestochen."

„Du hast super gehandelt, Bella. Uns ging es auch nicht besser", berichtete ich. „Was sind das nur für brutale Kerle, wo das Mädchen war. Der sogenannte Großvater schoss durch eine Tür, ein anderer hielt uns während der Fahrt eine Pistole ans Auto, die haben es nicht anders verdient."

„Ich brauch jetzt was zu trinken, am besten eine Flasche oder besser gleich ein Fass Whisky."

Sie ging an die Minibar, wo jedoch nichts Alkoholisches drin war.

„Lässt du dir was hochkommen? Ich als Frau sehe in diesem beschissenen Land sicher doof aus. Werde hier garantiert ich nie wieder herfahren."

„Erst einmal müssen wir hier wegkommen, sieht mit diesen Problemen nicht sonderlich gut aus für uns, oder? Jetzt kommt es nur auf Hanna an, was sie mit ihrem Ausweis erreichen kann."

Ich bestellte was für Bella, als mein Handy klingelte. Anton teilte mir mit, dass er bei Hanna bleibe, da sie völlig fertig sei. Um ihren Cousin stehe es sehr schlecht. Fraglich, ob er die Nacht überlebt. Er faselte was von einem Jungen, der belohnt werden müsse.

„Heißt wohl Hassan oder so. Sieht hier alles finster aus, müssen morgen zur Polizei wegen einer Aussage, meinte Hanna, sonst hätten die Polizisten Bella mitgenommen." Er würde sich melden, wenn es was Neues gibt und gut, dass wir das Hotel gewechselt hätten. Dann legte er auf.

Zwischenzeitlich hatte es geklopft, und Bella hatte nur mit dem Handtuch bekleidet an der Tür die Flasche Whisky mit Eis in Empfang genommen. Als sie dem Boy 20 Dollar Trinkgeld gab, rutschte das Handtuch etwas. Typisch Bella. Ich war sicher, diesmal war es aus Versehen. Ich weiß nicht, was ihn mehr erfreut hatte, die 20 Dollar oder Bellas Busen.

Die Hälfte der Flasche überlebte keine halbe Stunde, als Bella den Rest wegschüttete:

„Scheiß, hilft nichts, wenn ich mir die Birne vollkippe, wir müssen überlegen, wie wir aus der Scheiße rauskommen, Henry."

„Braves Mädchen, richtig, Alkohol ist kein Allheilmittel. Du könntest so manchen Mann unter den Tisch trinken, was du für einen Zug am Leibe hast." Ich versuchte damit, sie etwas abzulenken, worauf sie auch sofort konterte:

„Manchen? Ich würde allen Schwänzen was vortrinken."

Hm, der Alkohol schien bereits zu wirken, zeigte sich an ihrer ordinären Aussprache.

„Genau können wir erst planen, wenn Hanna und Anton wieder zurückkommen. Doch da wir ja von der Mutter den Kinderpass von Elfi haben, könnten wir, wie bereits angedacht, dich als Tante ausgeben. Fragt sich nur, wie wir das mit dem Einreisestempel hinbekommen. Ich bin sicher, wenn Hanna das ist, was ich vermute, ist es für sie ein Kinderspiel."

Gegen zwei Uhr morgens kam Anton.

„Seine Familie ist jetzt im Krankenhaus. Er hat wohl keine Chance mehr. Die Ärzte meinen, es gehe in der nächsten Stunde zu Ende. Hannas Onkel spricht kein Wort, ich sollte wieder hin. Habe Angst, er geht mit seinen zwei anderen Söhnen in die Moschee und schnappt sich diesen Vorbeter. Ist hier wohl fast Ehrensache. Würde ich auch machen, Henry, doch das hilft im Moment keinem. Darum ist es besser, ich bleibe bei denen. Auf mich hören die meistens. Schicke Hanna dann sofort hierher, kann ja auf der Couch schlafen."

„Quatsch, mit Bella im Schlafzimmer. Die Kleine schläft da ja auch. Ich bleibe auf der Couch.

Anton, kannst du uns einen Tipp geben, sollte Bella besser verschwinden wegen der Polizei morgen?"

„Nee, erst mal nicht. Das kriegt Hanna hin. Was dann kommt, weiß ich nicht, doch verschwinden kann sie immer noch. Hanna wird schon rechtzeitig Bescheid wissen."

Antons Telefon klingelte. An seinem Gesicht war zu erkennen, dass es eine schlechte Nachricht sein musste. War Hanna, ihr Cousin hatte es nicht geschafft.

„Verdammt, der arme Kerl, erst 26 Jahre, was hatte er von seinem Leben? War ein feiner Kerl. Hätte sich für Hanna in Stücke reißen lassen. Irgendwie hat er es ja nun auch gemacht. Er liebte seine Cousine wie seine eigene Schwester. Ich muss sofort los, ihre Familie aufhalten, sonst passiert ein Unglück." Weg war er.

Bella weinte vor sich hin. War es die Erschöpfung, der Alkohol oder der Tod des Cousins von Hanna? Trotzdem, wir mussten weiter planen. Wir gingen noch einige Möglichkeiten durch, jedoch die Tante schien uns die beste Lösung.

„Ich besorge morgen früh gleich Geld für dich, falls wir uns trennen müssen. Geldscheine sind hier die wichtigsten Dokumente. Du passt auf Elfi auf und auf Hanna, falls sie bis dahin da ist. Weiß nicht, wie Hanna es aufnimmt, dann sehen wir weiter."

Bella hauchte ein „Ja", rollte noch mit den Augen, ließ sich dann zur Seite auf mich fallen und schlief. Ich trug sie ins Schlafzimmer zu der Kleinen. Nun wollte ich unter die Dusche, jedoch rief Hanna durch, dass sie komme.

Sie war sehr wortkarg, aber ansonsten machte sie einen gefassten Eindruck.

„Fühle mich irgendwie schuldig, dass ich ihn da mit reingezogen habe. Er wird als Ehrenmann vor Allah treten, das beruhigt unsere ganze Familie.

Was habt ihr weiter geplant? Ihr habt ja nun das Mädchen. Er soll schließlich nicht umsonst gestorben sein."

„Wir dachten, die beiden reisen als Tante und Nichte über Tanger nach Madrid, und von dort ist es ein Kinderspiel."

„Wird schwer mit den Dokumenten, da sie ja keinen Einreisestempel hat. Außerdem steht sie mit hoher Wahrscheinlichkeit auf der Liste der gesuchten Personen. Die haben das garantiert als Kindesentführung gedreht."

„Habe ich mir schon gedacht, doch über Land wird es sehr langwierig werden, jeder Tag länger wäre eine zusätzliche Gefährdung der Kleinen."

„Und für euch, solltest du nicht vergessen. Habt ihr was mit einem Motorradfahrer zu schaffen gehabt, der behauptet, Europäer bei der Flucht nach einem Einbruch und Diebstahl verfolgt zu haben und dann mutwillig von der Straße gerammt wurde? Der hat neun Brüche am ganzen Körper, auch ein Halswirbel ist angebrochen. Liegt im Streckkorsett oder wie man das bei euch nennt. Dachte sofort an euch."

Ich erzählte ihr, was bei uns zwischenzeitlich, als sie in der Moschee waren, alles vorgefallen war. Aufmerksam hörte sie zu. Es war ihr jedoch anzusehen, dass sie gedanklich bei ihrem Cousin war. Hatte ich volles Verständnis für, trotzdem bemühte sie sich, einen Weg zu finden. Sie war eben ein Profi, tippe auf Geheimdienst, da ja Oberst Abu Lassa sie geschickt hatte. Der sitzt ganz oben im Königshaus als Verbindungsoffizier. War mir aus einem Einsatz vor vielen Jahren noch was schuldig. Hatte zweien seiner Leute, als ich noch Bodyguard und mit einem saudischen Prinzen in Marokko war, das Leben gerettet.

Wir gingen damals in den Palästen des marokkanischen Königshauses ein und aus. Wie zufällig waren wir während eines gemütlichen Abends in einem sagen wir mal Club beim Bauchtanz in eine Situation geraten, wo der jemenitische Geheimdienst sich mit seinen Leuten ein furchtbares Gemetzel lieferte. Ein Beinschuss von mir beendete das, da ein Jemenite seine auf den marokkanischen Geheimdienst Mann gerichtete SIG-Sauer fallenließ. Ob er jemals geschossen hätte, weiß ich nicht. Egal, in unserem Job darf man auch nicht darüber nachdenken. Sofortiges Handeln ist angesagt. Einer meiner Ausbilder, Hauptkommissar Deilfresser, sagte immer: „Im Zweifelsfall erst schießen, dann fragen!"

Sie wurden entwaffnet, und ich war der Held! Da ich ja wusste, dass sie unseren Prinzen ebenfalls schon seit Tagen beobachteten, hatte ich ein zusätzliches Augenmerk auf die gerichtet. Unser Prinz meinte:

„Was wollen diese kleinen Würmer schon von mir, diese jämmerlichen Untermenschen!" (kam mir irgendwie bekannt vor, dieses Wort, aus der vergangenen Geschichte).

Danach dachte er ganz anders über die Situation und war dankbar, dass wir ihn so schnell aus der Gefahrenzone gebracht hatten. Ich wurde wie ein Held gefeiert, und man vergaß, dass ich eigentlich nicht legal bewaffnet war. Also jedenfalls nicht in Marokko, in Deutschland schon. Hätte mir jahrelangen kostenlosen Aufenthalt in einem marokkanischen Knast einbringen können. Doch diesmal schien sich das auszuzahlen. Super!

„Ich könnte da erst übermorgen was drehen. Morgen haben wir Freitag, ist so wie bei euch Sonntag, und da läuft verwaltungstechnisch nichts. Doch mit einem Schiff wäre es eventuell schon morgen machbar", meinte Hanna.

„Aber dann so etwas von ja! Bitte, wie geht das?"

„Mit einem Containerschiff direkt hier von Casablanca über Frankreich. Nicht gerade eine Suite, aber behördensicher. Wenn du verstehst, was ich meine. Morgen früh muss ich mit Bella erst zur Polizei, denen ein Märchen auftischen. Wenn sie aufwacht, werden wir es absprechen. Dann lassen die sie erst einmal wieder gehen, werden sie aber kurz danach abholen wollen. Bis dahin muss sie weg sein." Ein leichtes Lächeln huschte trotz dieser verfahrenen Situation über ihr Gesicht.

„Mensch, wie geht das denn?"

„Ich werde sagen, dass sie erst von uns verhört wird, und bis die das nachprüfen, steht dieser Trick. Nur beim Nachfassen, und das werden sie, werden sie sauer sein, dass wir den Fall an uns reißen wollen, schließlich ist es eine reine Polizeiangelegenheit."

„Wenn du das für uns tun könntest! Aber was ist mit Schlafen? Du solltest schlafen gehen, ist bereits vier Uhr durch. Leg dich zu Bella und der Kleinen."

„Und du?"

Ich zeigte auf die Couch. Mit einem dankbaren Lächeln verschwand sie im Schlafzimmer. Ich freute mich auf die zwar unbequeme Couch, aber besser als zwei Stühle war sie allemal. Doch es blieb bei der Vorfreude, denn durch Hannas Ins-Bett-Klettern wurde Elfi wach und kam zu mir. Sie weinte, und ich musste ihr von ihrer Mutter erzählen. Das war's mit meinem Schlaf.

Gut, wir hätten die anrufen können, doch sowas riskiert ein Profi nicht, denn wie sagt man so schön: Ein Telefon hat tausend Ohren. Natürlich hatte ich, als wir die Kleine hatten, sofort meine Frau angerufen, um die vereinbarten Worte zu sagen: „Bringe dir was Schönes aus dem Orient mit, mein Schatz." War der Code für erfolgreiche Mission. Gut, etwas verfrüht, aber sie rief wiederum die Mutter an, um ihr etwas Hoffnung zu geben.
Tausend Gedanken gingen mir durch den Kopf: „War es richtig, das mit dem Motorradfahrer? Sind wir schuld am Tod des Cousins? Was war das für ein Junge, können wir den irgendwie erreichen? Schafft Anton es, die Familie zu beruhigen? – Komisch, was mich kaum beschäftigte war, wie es mit dem Schiff weitergeht und ob wir gut aus Marokko rauskommen. Hielt ich schon für gebongt.

Gegen 8 Uhr weckte Hanna Bella, um in ein Hotel frühstücken zu fahren, in diesem hier gab's nichts Essbares. Sie rief ein Taxi, das dann auf dem Rückweg gleich auch was zu uns zum Essen bringen sollte. Elfi hatte, wie sie sagte, einen Bärenhunger auf Eis...
Um 11 kamen sie wieder zurück. Bella war echt etwas blass. Hanna sah total erschöpft aus.

„Mann, ist schwieriger, als ich dachte, ihr solltet sofort weg", sagte sie leicht aufgeregt. „Habe schon telefoniert, kommt gleich ein Betonmischer, der euch um 14 Uhr abholt und zum Hafen bringt. Dort wartet ein Arbeiter und wird euch in einem Container verstecken.

Aber wenn ihr in Frankreich kontrolliert werdet, das müsst ihr selber in den Griff bekommen. Ich werde zu meiner Familie und Anton gehen, um das mit meinem Cousin zu klären. Muss ja meinem Onkel erklären, wieso es überhaupt dazu kam.

Ein Kollege ist an der Familie dran um abzuklären, was die mit dem Kind zu tun hatten, zumal es ja auf einer Liste für unsere Einreisebehörde als ‚unrechtmäßig aus Deutschland entführt' stand. Habe ich heute von dem Kollegen, der das mit der Schiffspassage geklärt hat, erfahren. Somit können wir nun offiziell ermitteln, wenn es auch nicht unser Sachgebiet ist. Übrigens, den Jungen hat die Polizei ausfindig gemacht. Haben ihn aber in den Knast gesteckt, weil er sich mit keiner Silbe zu diesem Vorfall äußerte. Ist hier so üblich, dass man schweigt und lieber in ein Gefängnis geht. Gilt man als harter Kerl. Werde ihn morgen besuchen und bestimmt rauskriegen."

„Unbedingt, hat euch ja schließlich sozusagen das Leben gerettet. Doch was war das mit den20 Dollar, Hanna?"

„Genau, das will ich unter anderem rausfinden. Habe nie gehört, dass man so etwas macht. Vielleicht sollte das ein Hinweis sein."

Bella sprach die ganze Zeit kein Wort.

„Hast du eventuell was Wichtiges im anderen Hotel in deinen Sachen?" fragte ich sie.

Ihr patziges „Bin ich eine Amateurin?" fand ich nicht passend, doch verstehe ich sie etwas in der blöden Situation, in welcher wir uns befanden. Mit sowas hatte wohl keiner von uns beim Auftragsbeginn gerechnet.

„Als ich die Polizeistelle gesehen habe, die fiesen Gesichter dieser... und überhaupt der Zustand dort, wurde es mir echt mulmig. Hier in den Knast wäre das Letzte, was mich reißt. Hanna meinte – zum Glück erst, als wir bei der Polizei raus waren –, sie hätten mich erst einmal alle durchgevögelt, wäre aber nichts gegen das, was mich im Gefängnis erwartet hätte. Heute ist mir erst mal der ganze Schlamassel bewusstgeworden, in dem ich mich nun befinde."

„Es ist besser, wenn du mit unserer ‚Beute' allein fährst, damit ich Hanna vielleicht helfen kann." Dabei sah ich zu Hanna.

„Wäre toll, weiß zwar nicht wie, aber bin nicht hundertprozentig da. Bin gedanklich laufend bei meinem Cousin. Schließlich hat er sich für mich geopfert. Ich habe Schuldgefühle."

„Verstehe dich zwar, doch brauchst du nicht, Hanna. Ich bin sicher, er würde es, hätte er noch mal die Möglichkeit, wieder genauso tun! Man hat gesehen, dass er dich liebte, so, wie man eine Cousine nur lieben kann. Aber wie geht es weiter mit der Polizei, bekommst du keine Schwierigkeiten, und was ist mit Anton und deiner Familie, kann ich da nichts tun?"

„Das mit der Polizei bekomme ich über meine Dienststelle in Griff. Mit der Familie ist es schon schwieriger. Selbst wenn sie es selig – sagt man so bei euch, glaube ich, – verkraftet, doch sicher nicht finanziell, da mein Onkel wegen seiner Krankheit arbeitsunfähig ist und meine beiden anderen Cousins erst vierzehn und sechzehn Jahre alt sind. Mein Cousin hatte die Familie allein ernährt. Aber ist klar, dass Anton und ich sie unterstützen werden. Mit 1000 Euro im Monat werden die schon über die Runden kommen, und das ist von unserer Seite möglich. Er hätte es andersrum genauso getan."

„Kannst auf mich zählen, Hanna, ich bin auch dabei."

„Und ich erst mal, schließlich hat er auch mein Leben irgendwie mitgerettet", meldete sich Bella.

Nun kamen der starken Hanna doch die Tränen. Bella nahm sie in den Arm.

„Lass es raus, Hanna", und zu mir gab sie ein Zeichen wie ‚Kannst du nicht mit der Kleinen kurz spazieren gehen?'.

„Komm, Elfi, was hältst du von einem Eisbecher?"

Ich kam nicht dazu, auszureden, als sie zu jubeln begann. Ein Grund mehr zu verschwinden.

„Nicht vergessen, ihr müsst bis 14 Uhr zurück sein, da wartet euer Betonwagen."

„Sind spätestens um 13 Uhr zurück."

Elfi hatte ich beim Eis gesagt, dass sie die Hanna in den Arm nehmen solle, da es in erster Linie ihr zu verdanken war, dass wir sie gefunden hatten. Als wir zurückkamen, sahen wir schon den Betonlaster, der überpünktlich war. Die Umarmung von Elfi hatte Hanna gutgetan. Sie gab Elfi noch einen Klaps auf den Po und meinte:

„Los, ab zu Mama, Elfi!"

Sie winkte noch, bis der Laster um die Ecke bog.

Die Überfahrt klappte wie am Schnürchen. Bella rief gleich noch aus Frankreich an. Ich war mit Anton damit beschäftigt, den Vater des Cousins und seine Söhne, die ja noch fast Kinder waren, davon abzuhalten, eine Dummheit zu machen. **Anhang**

152

Der, welcher den Cousin auf dem Gewissen hatte, ist wohl zwei Tage nach Bellas Einsatz seinen Verletzungen erlegen. Wurde nie Strafantrag gestellt, somit hatten der Vater und die beiden Brüder keinen Anlass mehr, selbst etwas zu tun.

Für mich gab es keine Folgen für den „Unfall". Die, die Elfi festhielten, waren fremde Leute, die es für Geld machten. Der eine bekam vier Jahre Gefängnis.

Der kleine Junge mit den 20 Dollar kam schon zwei Tage später auf Veranlassung von Hanna raus und erhielt von mir per Überweisung 2000 Dollar! Hatte ich mir mit Bella geteilt. Zusätzlich haben wir ihn sogar nach Berlin eingeladen. Hanna hatte mir das gesteckt, wäre sein Traum.
Hatte später noch einen unerwarteten Erfolg, da, nachdem ich auch Elfis Mutter das Ganze geschildert hatte, diese einen Dauerauftrag an deren Familie mit 1200 Euro veranlasste. Soviel ich weiß, läuft der heute noch.

Hanna hat auf Bitten ihres Onkels nach dem Tod des Cousins, und sicher auch von Anton, ihren Außendienst quittiert.

Die Mutter von Elfi zeigte sich sehr großzügig und hat uns als Prämie einige Aktien geschenkt. Seitdem habe ich und hat auch Bella ein Batzen Tobacco-Aktien aus England, die, man glaubt es nicht, sich trotz aller Krisen am Aktienmarkt prächtig vermehrt haben.

Valencia bei Nacht

Mir fiel zu Haus die Decke auf den Kopf (als Pensionär sei ich die Niete überhaupt, sagt meine Frau immer), als das Telefon klingelte und eine Botschaft dran war.

„Guten Tag, ich bin die Assistentin unseres Botschafters Dr. Blecki. Sie wurden uns vom venezolanischen Botschafter als delikater Spezialist empfohlen. Wir hätten eventuell einen Auftrag für Sie. Besteht die Möglichkeit, natürlich ganz unverbindlich für Sie, uns in Berlin aufzusuchen?"

„Die besteht, ja. Spezialist? Kommt drauf an: für junge Frauen ja, wenn was mit Arbeit zu tun hat, nein! Okay, war ein Witz. Ließe sich einrichten, wo genau bitte?"

„Wäre es Ihnen noch heute um 14 Uhr recht?"

„Was, Nacht? Ist ja noch vor dem Frühstück. Okay, lass' ich halt das Frühstück mal ausfallen. Vorausgesetzt, dass Sie einen Milchkaffee für mich haben, geht es klar." Die Stimme der Assistentin, Frau Klasser, klang ja ganz sexy, war aber auch das Einzige an ihr. Sie machte eher den Eindruck einer strengen Gouvernante. Dunkle Haare, streng nach hinten als Dutt, und eine Brille mit einer gefühlten Dioptriestärke 12,3. ☺ Die hätte bei jeder Geisterbahn ohne Vorkenntnisse einen Job erhalten. Aber nett war sie, muss ich gestehen. Der Milchkaffee, sogar mit zwei Eibrötchen, wartete in einem kleinen Besprechungszimmer auf mich. Minuten später, ich war noch am Futtern, kam die Botschafterin. An ihrer Seite Nadia, eine Granate, höchstens neunzehn Jahre jung, 162 groß, schlank, tolle braune halblange Haare und zwei wunderbare Brüste, rundum einfach eine Traumfigur, makellos! Könnte meine Zwillingsschwester sein. ☺

„Wir wollen nicht viel drumrum reden. Es geht um eine Erbschaft in Valencia, die meiner Tochter zustehen würde. Eine Dame in diesem Haus, eigentlich ist es ein Häuserkomplex, weigert sich, dieses zu verlassen. Dass ich in meiner Position kein Aufsehen gebrauchen kann, verstehen Sie sicher. Wir haben es schon mit Geld versucht, doch sie bleibt stur. Wir würden uns die Sache sagen wir mal 50.000 kosten lassen, zuzüglich aller Spesen natürlich. Wenn Sie es mit meiner Tochter machen würden?" Sie zeigte auf die Schönheit.

„Wow, Exzellenz, das ist das beste Angebot, das ich je in meinem Leben erhalten habe. 50.000, damit ich es mit einer so hübschen jungen Frau mache..."
Nadia wurde rot.

„Mensch Mam, was redest du da für ein Blech, der denkt oder hofft noch, du willst mich verkuppeln."

„Denkt, nur denkt, schönes Fräulein, aber wie schon am Telefon gesagt, ich bin Spezialist für schwierige Fälle."

„Und überhaupt nicht eingebildet", fügte sie lächelnd zu.

„Sie nehmen mir die Worte aus dem Mund, richtig. Mein zweiter Vorname ist Bescheidenheit!"
Die Botschafterin amüsierte sich prächtig über unser kleines Wortgefecht und meinte schließlich:

„Ich sehe, mein Kollege hatte recht, Sie sind genauso, wie er Sie mir beschrieben hat: in keiner Situation verlegen oder zurücksteckend. Sie scheinen der richtige Mann zu sein. Endlich mal jemand, der meiner Tochter Paroli bietet."

„Wie kann man denn einen Gott beschreiben?" fragte ich, mir machte es langsam Spaß.

„Mam, lass es, komm bloß, der glaubt es selbst." Sie drehte sich um und machte Anstalten zu gehen.

„Hallo mein Fräulein, wer austeilen will, sollte auch einstecken können."

„Kann ich, alter Mann, kann ich." Sie schmunzelte. Ich spielte den Beleidigten.

„Oh, jetzt haben Sie mich aber getroffen. Und ich dachte immer, fünf Millionen auf dem Konto sei kein Alter!"
Interessiert sah sie mich lächelnd an.

„Wow, haben Sie die denn?"

„Gut, ich will mit offenen Karten spielen. Ich bin bereits bei der sexten Million. Die ersten fünf haben nicht geklappt, doch wenn ich den Auftrag annehmen würde und eine fette Provision von Ihnen bekomme, ist der Anfang gemacht."

„Sie sind unser Mann, junger Mann. Und eine Provision – danke, dass Sie uns erinnerten – ist bei Erfolg natürlich auch drin."

„Verstehen Sie jetzt, warum Ihre Mutter Diplomatin ist? Junger Mann hat sie gesagt. Ha!"

„Sie muss es ja auch nicht mit Ihnen machen, oder?"

„Wow, muss ich das mit Ihnen? Dafür verlange ich dann aber doch einen Aufschlag."

Die Botschafterin hob beide Hände und rief spaßig:

„Jetzt reicht's, vertragt euch. Erkläre ihm die Hintergründe und besprecht die Einzelheiten. Ich muss in einer Stunde im Auswärtigen Amt sein. Bin gegen fünf zurück. Dann hätte ich gern Ergebnisse."

„Wenn du es riskieren willst, mich mit diesem eingebildeten ‚jungen Mann' alleinzulassen, ich denke dabei nur an die Sexmillionen. Bitte, du bist meine Erziehungsberechtigte und für mein Wohlergehen verantwortlich."

„So ist das Leben, Fräulein. Freunde kann man sich aussuchen, Eltern nicht!"

„Dann weiß ich jetzt schon, was wir beide nie werden", konterte sie.

„Genau das hatte meine Frau beim ersten Treffen auch gesagt."

„Ich gebe mich geschlagen und in Ihre Hände."

„Mit mir kannst du es ja machen, doch vielleicht sollten wir den Herrn besser für deine Erziehung einstellen."

Sie winkte uns zu und verschwand laut lachend. Ihre Antwort – „Dann würdest du den Bock bestimmt zum Gärtner machen, Mam" – hörte sie bereits nicht mehr.

Nadia setze sich nun genau mir gegenüber.

„Was wollen oder müssen Sie wissen?"

„Zum Anfang würde es reichen, wenn Sie mir genauer erklären, was denn meine Aufgabe in dieser Situation sein soll. Soll ich die Dame in Valencia heiraten, verprügeln, vergiften oder gar...? Und das mit den Händen kommt von selbst, Fräulein Nadia." Ich grinste sie frech an.

„Junger Mann, sagen Sie nur Nadia." „Klar, aber darf ich beim Sie bleiben?"

„Hm, warum nicht, sonst hält man Sie am Ende noch für meinen Vater."

Als ich sie traurig ansah, korrigierte sie sich:

„Okay, Bruder, besser?"

„Sehr viel besser, Schwesterchen. Dann kommen Sie mal zur Sache."

„Es ist von meinem Großpapa väterlicherseits ein, wie sagt man so schön, Filetstück. Okay, ein absolutes Abrisshaus. Kein Mensch versteht, warum die Frau nicht weg will. Ist, wie wir wissen, nicht einmal ihr Elternhaus oder so gewesen. Wir haben ein interessantes Angebot und einen Investor, der meinte, für ihn sei es ein Kinderspiel, die ‚Alte' loszuwerden. Doch dies, auch er selbst, gefällt uns nicht. Ist auch nicht unsere Art. Aber verkaufen würden wir schon gern. Andersrum liegt mir das Schicksal der Frau sehr am Herzen. Nun befürchten wir, dass er mit Tricks versuchen wird, die Frau zu entfernen. Ich habe über ihn Auskünfte eingezogen, und in seiner Branche spricht man nicht gut über ihn. Man sagt, er gehe über Leichen.

Jetzt sollten Sie nach Valencia fliegen, um anonym Nachforschungen anzustellen. Wir versuchen, aus der Maklerklausel rauszukommen, habe auch ein seriöses Angebot für einen Krankenhausbau. Würde in dieser Gegend weitaus besser ankommen. Gut, die bieten nicht ganz so viel. Aber Geld ist nicht alles."

„Stimmt, aber ohne Geld ist alles nichts," erwiderte ich lachend.

„Cool, der Spruch, ist mindestens so alt wie Sie. Hoffe nur, Ihre Ermittlungsarbeiten sind etwas moderner", meint Nadia gelangweilt.

„Oh, ich hab noch einen alten Spruch: ‚Was sich liebt, das neckt sich‘. Bin es gewöhnt, dass jüngere Damen sich in mich verlieben, doch Sie scheinen darin alle Rekorde zu brechen, wo wir uns doch noch nicht einmal eine Stunde kennen. Aber ich verstehe sie schon.“

„Hier wäre ein Foto von der Vorderfront, ich weiß es sieht nicht gerade vertrauensvoll aus.“

„Nee oder, sagten Sie nicht Haus?“

„Rechts im Hof stehen noch zwei Etagen. Das ist lediglich die Vorderfront, damit Sie es erkennen. Links ist der Eingang, und die Treppe ist auch in Ordnung, halbwegs.

Bei meiner Tante, die hat ein kleines Haus, war mal eine Pension gleich in der Nähe, könnten Sie ein Zimmer bekommen. Dort bin ich auch immer, wenn ich in Valencia bin.“

„Na bitte, ein tolles Angebot. Könnte ich ja gleich Ihr Zimmer nehmen, würde mich nicht sonderlich stören, wenn Sie auch da wären, solange Sie beim Duschen nicht zu laut singen.“

„Mach ich aber, Pech gehabt.“ Sie lachte.

„Hm, eventuell könnte ich mich auch dran gewöhnen.“

„Wenn Sie versprechen, mich abzutrocknen.“

„Na hallo, kaum ist die Mutter weg, wird die Tochter flügge."

„Bin ich vielleicht neunzehn und aufgeklärt? Wenigstens etwas", fügte sie leise zu. „Oder sind es nur Sie, der Späße machen darf? Doch ich glaube, wir würden klarkommen."

„Gute, wenn Sie das Handtuch mitbringen, nehme ich den Job an. Was dachten Sie, wann es losgehen sollte?"

„Von uns aus sofort: Jeder Tag brennt unter den Fingernägeln, weil der Investor drängelt. Er droht mit Rücktritt und Schadenersatz in sechsstelliger Höhe."

„Gut zu hören, dann kann ich ja mein Honorar noch erhöhen."

Erschrocken sah sie mich an.

„Was? So einer sind Sie? Von mir aus fahren Sie zur Hölle, wir finden auch einen anderen."

„Natürlich war das nicht ernst gemeint mit dem Honorar, das mit dem Handtuch schon."

„Kann ich mit leben", dabei lachte sie mit einem Blick, der meinen kleinen Freund sofort wach werden ließ. Den sollte die Mutter besser nicht sehen. Ich meine den Blick!

Zwei Tage später saß ich mit ihr im Flugzeug, natürlich First Class, war ja nicht mein Geld. Das Preis-Leistung-Verhältnis schmeckt mir nicht zur Holzklasse, denn viel früher landet man da vorn auch nicht, sage ich mir immer, da wüsste ich Besseres, wofür ich mein Geld rausschmeißen kann.

Es empfing uns eine Spanierin, schätze, sie war um die 25 Jahre alt. Sie umarmte Nadia vor Freude, und beide küssten sich. Sofort zeigte ich auf mich. Lächelnd sah sie Nadia mit einem Schulterzucken an und umarmte mich auch.

„Dein neuer Liebhaber?" fragte sie spaßig in gebrochenem Deutsch und sah zu Nadia.

„Nicht dass ich wüsste", kam es von Nadia.

„Noch nicht, kommt noch, doch jetzt, wo ich Sie kenne...", sagte ich höflich zu Nadias Bekannter.

„Ja ja, die Männer, gibt man denen nicht sofort, was sie wollen, sehen sie sich nach anderem Futter um", brummte Nadia belustigend.

„Nicht unbedingt, erstens kann ich warten und zweitens warum nicht beide?"

„Meinst du, er schafft uns beide, Felicia?"

Die Tante war nett. Die Pension einfach, aber sehr sauber und irgendwie familiär- gemütlich. Wir tranken mit ihr noch zwei Flaschen Rotwein, das war da sozusagen wie Pflicht, bevor Nadia sich mit den Worten „Zum Duschen bin ich heute zu müde" verabschiedete und in ihr Zimmer torkelte.

„Lag die Betonung eben auf dem Wort heute?" fragte ich schelmisch.

An der braunen Kommode sich festhaltend drehte sie sich um – der Wein zeigte seine Wirkung – und lächelte mich an.

„Sagten Sie nicht, man sollte nie nie sagen? Und ja, heute meinte ich."

Kurz danach kam sie in einem schwarzen Nachthemd, wenn man die durchsichtige Gardine so bezeichnen konnte, nochmal rein, setzte sich in den Sessel und trank den Rest des Weines aus.

„Soll ich Sie ins Bett bringen, ich meine wegen dem Wein?"

„Macht Felicia schon", dabei schaute sie zu ihr.

„Frag doch Tantchen, die hat genauso viel getrunken", sagte sie, sich fast totlachend, und verschwand in ihrem Zimmer, was dummerweise nicht direkt neben meinem lag.

Am nächsten Morgen war ich schon um acht im Café, lag schräg gegenüber dem Abrisshaus. Ein mürrischer alter Mann knallte mir lieblos die Tasse sowie das Schokocroissant hin.

Am Nebentisch saß ein nicht viel jüngerer Typ. Der redete ebenfalls kein Wort. Ich wollte eben aufstehen, als eine dicke nette Dame im „Mittelalter", also etwa um die sechzig, reinkam und einen Blumenstrauß abgab. Sie bekam eine Tasse Kaffee und setzte sich an den letzten der drei Tische. Ich lächelte sie an. Sich umdrehend, ob ich auch sie meinte, lächelte sie zurück.

„Sie sind Deutscha? Ich kann auch Deutsch. Eins, zwei, drei, vier, fünf, sechs, sieben, hübsche Frauen soll man lieben, zählst du weiter bis zu acht, dann ist sie zum Heiraten gedacht. Schon, oda?"

Höflich lächelte ich und zeigte mit dem Daumen nach oben, was sie veranlasste, sich ihre Tasse zu nehmen und an meinen Tisch zu kommen.

Sie erzählte mir gleich ihren ganzen Lebenslauf.

„Mutter von Oma aus Wiesbaden. Ich bisschen Deutsch. Nix viel, aba Freundin in altes Haus da." Sie zeigte auf das Haus meiner Klientin. „Mutter war deutsch, doch die geht nie aus, hat Angst, man macht Feuer."

„Was? Wieso das, und was ist mit Essen?"

„Bringa ich immer", sie zeigte auf einen Korb voller Lebensmittel und Blumen.

Ich wurde hellhörig.

„Jeden Tag, nein, jeden zweiten Tag. Hier Blumen, meine Tochta hat einen Blumenkiosk, dann Kaffee, dann Veronica Essen bringen."

„Toll, dass Sie das machen, wirklich toll."

„Ihr Mann Pedro war mal mit mir zur Schule, guter Freund, wohl leider bereits tot. Seit zwei Jahren weg, keiner mehr gesehen. Sie ihn sehr geliebt. Jetzt traurig, geht seitdem nicht mehr aus Haus, also fast nie. Hofft vielleicht, er kommt zurück und dann sie nicht da." Sie sah auf die Uhr.

„Ich muss weiter, habe noch Blumen zu bringen."

„War nett, Sie kennengelernt zu haben." Auch ich ging.

Ich begleitete sie noch bis zum Haus, ging aber weiter. Nach einigen Metern zündete ich eine Zigarette an, obwohl ich nicht rauche, so was hat man immer bei, gute Möglichkeit, stehenzubleiben oder um Kontakte zu knüpfen wie: „Haben Sie mal Feuer?" Ich sah, wie sie einen Schlüssel an einem Plastikanhänger aus ihrer Kittelschürze holte und das Holztor aufschloss. Sekunden später verschwand sie in der Ruine.

Gut, das haben wir schon mal: eine Kontaktperson, welche sogar einen Schlüssel hat.

Als ich in die Pension kam, war der Frühstückstisch gedeckt, und Nadia saß in ihrem durchsichtigen Hemd auf dem Sofa und sah mich erleichtert, aber gespielt sauer an.

„Ich war duschen, wo waren Sie? Sprücheklopfer. Dachte ich mir doch gleich, dass da nichts hinter steckt. War wohl doch nur Spaß." Sie machte einen Schmollmund.

Mann, die Frauen verstehen schon, wie man einen Mann verrückt macht, und Nadia besonders.

„Vorsicht, ich kannte mal eine, die mich genauso provoziert hat, und dann machten wir Spaß. Aus Spaß wurde Ernst, und der fing nach elf Monaten dann an zu laufen."

Sie lachte wieder so niedlich.

„Na, ganz soviel Spaß möchte ich eigentlich nicht. Will noch was vom Leben haben."

Als sie sich vorbeugte, sah ich in ihrem tiefen Ausschnitt ihren Bauchnabel – nicht nur ihren Bauchnabel. Ihr ist mein Blick nicht entgangen, bin sicher, war von ihr gewollt.

„Zufrieden?" fragte sie. „Was meinen Sie, lohnt es sich, die abzutrocknen?"

„Was Sie nicht geschafft haben, Ihre Brüste haben mich schon nach einem Blick überredet!"

„Kaffee mit Milch und Zucker?" fragte sie mich.

„Wie könnte ich. Milch ja, doch bei diesem Anblick, der ist schon mehr als süß genug!"

Sie setzte sich kurz zurück und meinte lachend:

„Wie wahr!"

Als sie meinen traurigen Blick sah, nahm sie beim Kaffeeeingießen die erhoffte Haltung ein, brav vorbeugend. Ich gestehe, auch ich hatte die Tasse extra tief und weiter weg gehalten. Nadia grinste.

„Beim Austeilen, steht es nun unentschieden, einverstanden?"

„Komme ich da nicht etwas zu kurz weg?"

„Erst die Arbeit, dann das Vergnügen, sagt man immer."

„Gut dann können Sie den Fummel bitte gleich mal wieder ausziehen, denn gearbeitet habe ich schon", konterte ich jetzt frech grinsend.

Ich erzählte ihr, was ich in Erfahrung gebracht hatte.

„Es wäre vielleicht gut, wenn wir übermorgen beide dort zur selben Zeit frühstückten. Vielleicht können Sie die Frau ablenken, und ich komme an den Schlüssel."

„Hä, warum das?"

„Mache dann auf dem Klo einen Abdruck davon, Rest ist Kindersache. Dann kommt er wieder in ihre Tasche."

„Ob das gut geht, wenn sie die Policia holt?"

„Sie trauen mir wohl nichts zu, was? Nach dem Frühstück, bevor Sie mich ganz verrückt machen, sehe ich mir mal ihr Haus näher an."

„Sind Sie das nicht schon?"

„Was bitte?"

„Verrückt."

„Ja, vielleicht nach Ihnen, aber danke." Ich sah sie etwas beleidigt an.

„Ich meinte natürlich nach mir", fügte sie schnell zu und streckte ihre Arme über den Kopf, somit kam ihr Busen unter dem Hemd weitaus besser zur Geltung.

„Verdammt, wenn ich wieder auf die Welt komme, möchte ich gern ein Unterhemd werden. Dann bin ich immer an der Quelle. Und das mit dem ,verrückt': gerade im letzten Moment nochmal die Kurve gekriegt." Ich bedankte mich, für den tollen Kaffeeservice und machte mich auf den Weg zum Haus. Ihr „Bitte, immer wieder gern" war für mich wie Balsam.

In einer benachbarten Apotheke hörte ich, dass daneben ein 5-Sterne-Hotel geplant sei und man beabsichtige, das halbe Viertel nach und nach abzureißen, um Hochhäuser zu errichten. Nur eine Frau, weigere sich, dort auszuziehen. Die Nachbarn seien darüber sehr sauer, weil ihnen viel Geld für die Grundstücke versprochen wurde. Es soll sogar von einer Prämie gesprochen werden für denjenigen, der es schafft, die Alte zum Aufgeben zu überreden oder vertreibt. Wie auch immer: Man spricht von 10.000 Euro, doch die Apothekerin weiß nicht, ob es wirklich so ist. Was aber dazu führte, dass sich die Frau auch nicht mehr vor die Tür traute. Man spricht davon, dass ein Botschafter aus Berlin darin verwickelt sei.

Diese Vermutung könnte meine Klientin in Schwierigkeiten bringen, selbst wenn es nicht stimmte, doch solche Verleumdungen reichen sicher, um ihre Karriere zu zerstören. Musste sofort mit Nadia reden, es schien fünf vor zwölf.

Sie wurde ernst.

„Verdammt, mir hat dieser Investor von Anfang an nicht gefallen. Meine Mam hatte zur Bedingung gemacht, dass es mit der Dame im Guten geklärt werden muss. Wenn das gewisse Leute hören, die auf Mams Job scharf sind, ist sie fällig. Das Schlimme ist, ich bin die Erbin, und sie bekommt den Ärger."

„Ist denn der Deal schon gelaufen?"

„So gut wie. Unser Anwalt meinte aber, sowie wir dem was nachweisen könnten, kämen wir aus dem blöden Vorvertrag raus. Sonst würde es teuer! Sein Vertreter sitzt hier in Valencia, der ist sogar eine Nummer schlimmer. Ich werde morgen gleich zu ihm fahren, um zu klären, ob da was dran ist. Kommen Sie mit?"

„Klar, bin dabei. Eine Frage vorab: Sie können doch Spanisch, oder? Vielleicht sollten wir nochmal in dieses Viertel fahren, und Sie könnten sich etwas umhören. Besser, wenn man es von verschiedenen Seiten hört."

Es war ein langweiliger Nachmittag mit ihrer Tante angesagt, da Nadia eine Freundin besuchen fuhr. Gegen sechs Uhr brachte mir Felicia ein Telefon.
„Wird wieder nichts mit dem Abtrocknen, ich bleibe noch hier. Wird sehr spät. Sie können ja mit Felicia üben, die steht auf alte Herren. Schuldigung, ältere Herren. Geben Sie mir die mal."
Ich reichte ihr das Telefon. Sie hörte zu, lachte, wurde rot, während sie kurz zu mir sah, und lachte weiter.
„Was bitte soll ich mit Ihnen üben, das Abtrocknen?"
Ich grinste über beide Wangen. Mein langgezogenes „Jaaa" brachte sie erneut zum Lachen.
„Ja dann kommen Sie mal, machen wir es gleich."
Ich wurde etwas unsicher.
„Können Sie denn hier so einfach weg, wie lange müssen Sie denn arbeiten?"
„Ist schon gut, zählt ja zur Arbeitszeit."
„Ach so eine sind Sie?"
Etwas enttäuscht war ich in diesem Augenblick schon, zumal sie mich gleich an die Hand nahm und aus dem Zimmer zog. Dauerte aber nicht lange. Wir landeten in der Küche, wo sie den Geschirrspüler öffnete und mir ein Handtuch zuwarf. Nun war ich es, der bedeppert guckte. Wow, das zahle ich der Nadia heim, schwor ich mir.
Aus den Augenwinkeln beobachtete sie mich laufend. Schmunzelnd sagte sie:

„Sie sind garantiert verheiratet. Sieht man, wie Sie sich anstellen. Und warum wollen Sie nicht zu Hause abtrocknen mit Ihrer Frau?"

„Weil meine Frau ein gutes Vierteljahrhundert älter ist als Sie."

„Muss ich das verstehen? Mein Deutsch ist noch nicht so gut, lerne es ja noch."

Ich erklärte ihr, dass ich mit Abtrocknen eigentlich was anderes meinte. Kaum hatte ich ausgeredet, legte sie sich lachend auf den Küchentisch. Sie wollte nicht mehr aufhören. Nach einer Minute, gefühlten zehn Stunden, Lachen gab sie mir ein Küsschen und bat um Verzeihung.

„Nadia, dieses Aas, hat mich reingelegt. Sie meinte, Sie seien ein ganz Lieber, nur etwas schüchtern, und ob ich Ihnen diesen Wunsch erfüllen könne. Tut mir leid, doch ich mag Frauen, weiß Nadia, wohl sogar aus eigener Erfahrung."

„Passt ja, ich auch!"

„Wie Nadia?"

„Nein, Frauen!"

„Bin ich nicht zu jung für Sie?" Sie lächelte mich bezaubernd an.

„Aber mit einem hat sie recht, ich mag wirklich ältere Männer, sind erfahrener, nicht selten viel interessanter. Vor allem denken die nicht nur an ‚das Eine', und überhaupt."

„Dann wäre ich genau der Richtige für Sie. Ich denke nicht nur an ‚das Eine', sondern danach noch an Essen oder Schlafen."

„Na toll auch. Ich habe eine Idee, wie wir der Nadia das heimzahlen können", sagte sie. „Haben Sie etwas von sich, was Sie bis morgen mir überlassen könnten? Bekommen Sie beim Frühstück wieder. Außerdem würde ich dann gerne du sagen dürfen."

„Klar sicher, doch das Du-Sagen ist schon komplizierter. Denn es ist so in Deutschland: Wenn ein hübsches Mädchen einen Mann duzen möchte, bekommt er einen Kuss."
Schelmisch meinte sie:

„Wenn das alles ist, morgen früh, versprochen! Und?"

„Kann ich einer so hübschen Dame was abschlagen? Aber was meinten Sie mit ‚etwas von mir'?"

„Wie sieht es aus mit dem?" Sie zeigte auf meinen Pulli.

„Solange es nicht meine Boxershorts sein müssen."

„Nein, Pulli reicht, auf die Shorts, komme ich vielleicht später mal zurück. Sie bekommen auch was dafür von mir."

„Sollte ich wissen, warum das?"
Sie lächelte.

„Vertrauen Sie mir einfach."

„Mach ich ja, aber sollten wir das mit dem Kuss nicht vorher üben, nicht dass wir uns morgen zu dumm anstellen?"

„Ach, da habe ich Vertrauen, dass Sie das draufhaben. Los jetzt aber, besser wieder zu Tantchen, nicht dass die sich was Falsches denkt."
Wir sahen noch einen langweiligen Film, wo die Tante immer brav dabei war, als sie sich mit den Worten „Ich mache mich bettfertig" verabschiedete. Weg war sie. Damit die Tante sich nichts Falsches dachte, stand ich etwas später auf, um ins Bett zu gehen. Kaum war ich im

Zimmer, klopfte es. Felicia stand in einem roten, durchsichtigen Pyjama vor der Tür und reichte mir ein Handtuch.

„Hatte ich vergessen, was von mir. Also bis morgen. Schlafen Sie gut."

„Wie soll ich jetzt schlafen nach diesem wundervollen Anblick?" Frech zeigte ich auf sie und besonders schaute ich dabei auf ihren Busen.

Na ja, bei Bodenfrost sollte sie nicht so rumlaufen, wäre besser, sie trägt dann einen BH, aber ansonsten, mein lieber Scholli!

Sie grinste:

„Wenn's gar nicht geht mit dem Einschlafen, ich habe das Zimmer neben der Küche, schließe nie ab."

„Cool, kann bestimmt nicht schlafen, komme am besten gleich mit!"

„Trauern Sie, war nämlich auch nur ein Spaß."

Schon am Frühstückstisch war Nadia zu meinem Pech leider bereits angezogen. Sie empfing mich mit der Frage:

„Na, wie war das mit dem Abtrocknen? Sie hat einen tollen, fraulichen Körper, finden Sie nicht?"

War etwas um eine Antwort verlegen, als Felicia durch die Tür kam. Lächelnd kam sie zu mir und gab mir einen heißen Kuss, nicht gerade einen brüderlichen. ☺

„Hier, hast du bei mir liegenlassen." Sie gab mir den Pulli zurück und zwinkerte mir zu: „Sicher verwechselt, dafür fehlt mir mein Handtuch."

Mit zuckenden Schultern sah ich sie an. Spontan kam es von mir:

„Wollte ich als Andenken an das Abtrocknen und das ‚Danach' behalten."

„Nee, nichts da. War ein Geschenk von jemanden nach einer schönen Nacht."

Ich verstand und stand auf, um das Handtuch zu holen. Auf dem Flur hörte ich, wie Nadia fragte:

„Du hast nicht etwa wirklich mit dem, oder?"

„Warum nicht? Hattest recht, ist ein ganz Lieber, er kann so zärtlich und anschmiegsam sein."

Wusste ich bis dahin selber noch nicht von mir. Was ist das für ein Spiel? Egal, mir gefiel es.

Als ich mit dem Handtuch zurückkam und es ihr gab, meinte ich:

„War's das nun mit uns?"

Nadias ungläubiger Gesichtsausdruck machte uns beiden Spaß.

„Was, auch noch das Handtuch aus Florida, was ich dir geschenkt hatte?" War ein Delfin drauf.

Etwas zu zickig, fand ich, und ihr Blick wurde leicht säuerlich.

„War schön mit dir." Sie gab mir einen, diesmal leider nur flüchtigen, Kuss, ging zu Nadia, gab ihr ebenso einen und sagte:

„Danke dir für den Tipp und den dadurch erfolgreichen Abend. Hüftschwingend verließ sie, mir nochmal kurz zuwinkend, den Raum.

„Sie lassen auch nichts anbrennen, oder sollte ich sagen: können nicht die Zeit abwarten", kam es von Nadia ein klein weinig versauert.

„Damit hat sich ja das mit uns, das mit dem Abtrocknen, erledigt, denn mit der kann ich nicht mithalten." Sie blickte zu ihrem Busen.

„Nein, auf keinen Fall. Wie sagten Sie so schön zu mir: ‚alter Mann'. Ich war Felicia dankbar, dass ich etwas üben konnte."

Freundlich fragte ich:
„Was ist, wollen wir nun unsere Erkundungstour starten?"
Ich sah sie etwas prüfend an. Sie verstand sofort. Für dieses Viertel war sie zu sehr aufgestylt, fand ich.
„Gut, lass mich aber was anderes anziehen."
Nach zehn Minuten kam sie wieder ins Frühstückszimmer. Hatte nun eine Jeans und ein T-Shirt an, drüber ein einfaches offenes Jäckchen.
„Ist passender für diese Gegend", stellte ich fest.
Auf der Fahrt zu den Geschäften beichtete sie mir in ihrem Jaguar, dass sie es mit Felicia getan hatte. So ganz brav scheint sie nicht zu sein.

Nach vier Stunden, glaube ich, hatten wir Obst und Gemüse für die nächsten zehn Jahre eingekauft und dabei einige Informationen erhalten.
Die weitaus interessanteste: dass angeblich schon versucht worden sei, das Haus abzufackeln. Lediglich durch die Straßenreinigungsmänner, die wohl im nächsten Moment um die Ecke kamen, wurde es verhindert. Eine Benzinflasche wurde durch das Gitter geworfen, und im Hauseingang stand ein voller Benzin-kanister. Da die Männer ebenso die Straßenbäume bewässerten, konnten sie das Feuer rasch löschen. Die Policía hatte die Ermittlungen schnell eingestellt, was hier keinen verwunderte, denn mit einigen Scheinen erreicht man hier doch sehr viel.

„Ich schwöre, davon haben wir nie was gewusst."

„Es ist besser, wenn Sie Ihren Anwalt in Berlin anrufen als bei dem Vertreter oder gar bei ihm selbst aufzutauchen. Nicht dass wir denen dadurch irgendeinen Grund liefern."

„Scheiße verdammt, hatte den gestern bereits angerufen und gesagt, dass ich hier bin, um einiges wegen dem Deal abzuklären."

„Hm, aber bitte nun nichts mehr, sonst geht es noch in die Hose."

„Geschenkt, richtig. Mann, Sie sind ja wirklich gut. Komm, fahren wir zurück, ich werde mit Mam wegen dem Anwalt telefonieren."

Leider war der Anwalt nicht zu erreichen, so mussten wir bis zum nächsten Tag warten. Aber erst war das Frühstück in dem Café angesagt. Es klappte wie am Schnürchen. Ich stellte Nadia der alten Dame vor, und während sie beide wie ein Wasserfall plapperten, worüber auch immer, stand ich auf, um zur Toilette zu gehen. Wir hatten uns so gesetzt, dass Veronica den Stuhl nehmen musste, der Richtung Klo stand. Den Schlüssel schien sie wieder in der Kittelschürze zu haben. Nadia hatte sie prima abgelenkt. Ich konnte ihn auf dem Weg zum Klo unbemerkt an mich nehmen. Mit meiner Knete fertigte ich einen Abdruck. Nach weniger als zwei Minuten war der Schlüssel bereits wieder in ihrer Schürze.

„Heute haben Sie aber viel Essen für Ihre Freundin." Ich zeigte auf diesmal zwei Körbe, gefüllt mit Büchsen.

„Ja, einmal in der Woche bringe ich ihr noch das Hunde- und Katzenfutter."

„Sie meinen wohl einmal im Jahr. Wann soll denn die Katze das alles auffressen?"

„Es sind acht Katzen, davon eine tragend, und zwei Hunde – nur noch", fügte sie traurig hinzu.

„Was heißt nur noch?" fragte Nadia.

„Drei Hunde haben die Hauserben schon vergiften lassen."

„Wer macht denn sowas?" Nadia war empört.

„So genau weiß man es nicht, doch man munkelt, dass es die Erben veranlasst haben. Jede Woche Sonntag hat man einen ihrer Hunde aufgeschlitzt und ihr vor die Tür gelegt. Soll so weitergehen, bis meine Freundin auszieht. Sie selbst sei zum Schluss dran."

„Ist ja furchtbar", bemerkt Nadia erschüttert. „Gibt es denn in der Nachbarschaft keine Männer, die ihr helfen?"

„Ach was, die wollen doch auch alle, dass sie wegzieht, damit dieser Konzern die neue Anlage hochziehen kann. Mein Gott, übermorgen ist Sonntag!" Nadia sah mich ängstlich an.

„Ich muss los, die wird schon warten, war nett mit Ihnen, Fräulein."

„Moment, wir helfen Ihnen, das zu tragen, ist doch klar."
Ich zeigte diskret zu Nadia.

„Ist Ihr Part, vielleicht können Sie Kontakt knüpfen. Über Tiere geht viel."
Sie verstand sofort und sagte zu mir:

„Lassen Sie mich das machen. Ich liebe Katzen, und Sie, wollten Sie nicht was vom Friseur besorgen?

Können mich danach hier abholen, ich warte vor dem Café."

Sie konnte zwar kurz mit rein, die Körbe abstellen, aber mehr war nicht drin, da die ältere Dame sehr fremdelte. Ich wartete um die Ecke, als ich sie rauskommen sah.

"Pech, dann halt Plan B. Jetzt sind Sie an der Reihe. Sie suchen einen Schnellschlüsseldienst und weinen dem vor, dass Sie den Schlüssel abgebrochen haben und Ihr Vater diesen Abdruck mal zur Sicherheit machte. Es gebe mörderischen Ärger, wenn er das mit dem Schlüssel erfahre, darum bräuchten Sie den sofort. Zur Not hilft noch ein 10-Euro-Schein. Ich sehe mich hier nochmal um."

Kaum fuhr Nadia weg, bemerkte ich einen roten Fiat, der langsam, erst hinter mir, dann neben mir herfuhr. Der neben dem Fahrer fuchtelte mit einer Pistole, welche er grinsend aus dem Fenster hielt. Mag ich gar nicht, selbst wenn man nur als Halbstarker damit spielt. Ich sah rot, und mir war klar, ich musste eine Marke setzen.
Schlendernd ging ich bis zur Kreuzung und überquerte einen Zebrastreifen. Die machten sich einen Spaß daraus, auf mich zuzufahren und Gas zu geben, um dann eine Vollbremsung hinzulegen. Nur einige Zentimeter vor mir blieben sie stehen und grinsten mich an. Der Beifahrer mit der roten Lederjacke fuchtelte mit seiner Waffe an der Windschutzscheibe rum, während der Fahrer die Seitenscheibe runterließ.

"Ungesund hier, oder? Machen lieber, dass du heimläufst. Gesunder für du!"

Aha, schien eine Warnung zu sein, aber von wem? Wer weiß, was ich hier will? Könnten höchstens die wissen, wo Nadia gestern dummerweise angerufen hatte. ‚Ich muss zeigen, dass ich nicht umsonst soviel verdiene‘, dachte ich mir und sprang zur Fahrertür. Bevor die wussten, was los ist, sahen sie in meine CZ 75, eine illegale tschechische Waffe für Auslandeinsätze. Da der seinen Finger nicht am Abzug hatte, konnte ich mir diese Einlage erlauben. Ich hielt ihm die an den Kopf und zeigte dem anderen, dass er mir sofort seine Waffe geben solle. Kreidebleich händigte er mir die aus. Mein „Pfoten hoch!" verstand er sofort. Ich fasste durchs Fenster und zog den Zündschlüssel raus.

„Und du!" Ich tippte auf seine Jacke.
Ohne mich anzusehen, nahm er langsam, gekonnt mit zwei Fingern, seine Waffe und gab sie mir.
Grinsend sagte ich:

„Sagt eurem Boss: gut gemeint, aber zum Heimlaufen ist es mir zu weit."
Langsam ging ich rückwärts, da ich dort einen Straßengully sah. Tat so, als ob ich stolperte, und ließ die Autoschlüssel reinfallen.

„Ups, Jungs, das tut mir aber leid. Nun müsste ihr heimlaufen!"
In diesem Moment hielt keine 20 Meter von mir ein Bus. Mit einem kurzen Sprint erreichte ich den in letzter Sekunde. Lächelnd winkte ich den beiden, die immer noch im Auto saßen, zu. An der nächsten Haltestelle stieg ich aus und joggte zurück. An der Ecke blieb ich stehe und beobachtete die beiden, die über dem Gully gebückt wohl versuchten, an die Schlüssel zu kommen. Da sah ich Nadia um die Ecke kommen. Ich pfiff und gab ein

Zeichen, dass sie weiterfahren möge, hier um die Ecke, damit kein Sichtkontakt mehr besteht, obwohl ich sicher war, sie kannten längst unser Auto. Dort sprang ich rein und erzählte ihr von dem unliebsamen Zusammentreffen.

„Woher wissen die...?"

„Woher wohl. Hatten Sie nicht gestern beim Makler oder was der auch immer ist angerufen und gesagt, Sie seien hier. Dass die sich eins und eins zusammenzählen konnten, steht außer Frage. Wenn Sie hier sind, fahren Sie auch zu Ihrem Erbe. Die waren nicht zufällig hier, sicher observierten sie das Haus."

Beim Schlüsseldienst klappte es gleich beim ersten Versuch.

„Pah, es gibt Männer, die mich attraktiv finden, der hätte mich bestimmt abgetrocknet." Freudestrahlend reichte sie mir den Nachschlüssel.

„Wer sagt denn, dass ich es nicht gern machen würde?"

Sie ging mit keiner Silbe darauf ein, sondern fragte:

„Und nun, wie weiter?"

„Irgendwann muss sie ja schlafen, dann sehe ich mich um. Es muss einen Grund geben, warum sie so ist. Wenn andere mit Mord drohen, sie trotzdem bleiben will. Vielleicht finden wir einen Weg, wie man ihr helfen könnte."

„Wird schwer. Wir hatten ihr eine neue, größere Wohnung, sogar ein kleines Häuschen angeboten, wollten den Umzug bezahlen, sogar was drauflegen. Nicht eine Sekunde hätte sie gezögert, sondern abgelehnt, sagte unser Anwalt."

„Und genau darum muss es etwas geben, was sie mit dem Haus verbindet. Bin ich nicht deswegen hier?"

„Ich wollte eine alte Freundin besuchen, das heißt, nur wenn's dem Herrn recht wäre. Sie haben ja nun Felicia."

„Solange Sie nicht bei der bis zum Duschen bleiben. Schließlich warte ich brennend drauf, versuche, die Zeit anders totzuschlagen."

„Ja, sicher, Sie brennen drauf. Darum haben Sie auch gleich Felicia flachgelegt. Gehen Sie mal, sie wird schon warten."

„Stimmt nicht ganz. Nicht gleich, erst half ich in der Küche abtrocknen. Doch dass sie warten könnte, sicher ja, da haben Sie recht."
Sollte Nadia etwa auch neugierig sein? Waren ihre spaßigen Anspielungen ernst gemeint? Wäre geil, doch nee, solch ein Glück konnte ich kaum haben.

Als sie weg war, nahm ich eine Taxe und fuhr zu dem Haus. Langsam wurde es schummrig. Der Haustürschlüssel passte wirklich. Hatte kein schlechtes Gewissen, war ja schließlich nicht von ihrer Wohnungstür. Daher konnte ich leise in den zweiten Stock gelangen. Im ersten hätte die Dame mich sicher hören können. Kaum war ich in dieser Wohnung, die keine Tür mehr hatte, auch fehlte die halbe Rückwand, erschreckten mich zwei Katzen. Da es nicht ganz dunkel war, konnte ich den Hof einsehen. Das Glück war auf meiner Seite. Ich sah, wie die Dame, welche Blumen in der Hand hielt, zu einer Stelle an einem Baum, ich glaube, es war ein Birnbaum, ging. Dort stellte sie die Blumen in eine Art Glas oder Vase als sei es ein Grab.

Siedendheiß schoss es mir durch den Kopf, warum eigentlich nicht? Vielleicht ist es ein Grab? Sollte nicht ihr Mann spurlos verschwunden sein. Hatte sie ihn etwa...?' Nein, das traute ich der nicht zu, wo doch ihre Freundin so von großer Liebe sprach. Diese Idee verwarf ich gleich wieder.

Die anderen Wohnungen oben waren alle im Eimer, ebenso das Dach völlig im Arsch. Auf dem Weg nach unten nahm ich ein kurzes Aufblitzen am Quergebäude, wie von einer Taschenlampe, wahr. Ich verharrte sofort und wartete ab, ob ich mich geirrt hatte. Blieb jedoch dunkel, hatte mich wohl getäuscht. Leise verließ ich das Haus wieder. Nach hundert Metern hörte ich einen ohrenbetäubenden Krach. Ich drehte mich vor Schreck um. Schien eine Rauchwolke zu sein. Da es dunkel war, konnte ich es erst nicht als solche deuten. Neugierigerweise kehrte ich um und rannte zurück. Dabei wurde ich von einem weißen Fiat Uno, hatte fast das Gefühl bewusst, angefahren und am Knie verletzt. Es waren zwei Männer, die weiterfuhren. Aber das Nummernschild hatte ich mir merken können, noch im Liegen tippte ich die Nummer in mein Handy. Meine Hose sowie mein Bein waren am Knie aufgerissen.
Man konnte bereits die ersten Flammen in dem besagten Haus sehen. Verdammt, die Frau. Trotz großer Schmerzen humpelte ich zurück. Ohne zu zögern schloss ich die Tür auf und sah in die Augen der verängstigten Dame, welche vier Katzen auf dem Arm hatte.
Verwundert sah sie mich an.

„Sind Sie okay?" rief ich. Sie nickte, schrie nur zwei Namen und dann:

„Meine Hunde, meine Hunde!"
In diesem Augenblick kamen die um die Ecke.
„Sind die das?"
In gutem Altdeutsch rief sie:
„Ja, aber es fehlen noch zwei Katzen!"
Ich drehte mich um und sprang, so gut es mit dem Knie ging, die Treppe rauf. ‚Sicher die beiden Katzen aus dem zweiten Stock von vorhin', schoss es mir durch den Kopf. Man konnte bereits die Feuerwehr hören. Verdammt, dieser Rauch, es qualmte stark. Feuer selbst jedoch war nur im Nebenbau, wo ich vorhin die Taschenlampe sah. Beide Katzen saßen mauzend und völlig verängstigt auf dem Fensterbrett. Ich schnappte sie, wobei die eine mir aus „Dankbarkeit" ihre Krallen in den Handballen haute. Klar, sie hatte Angst, außerdem kannte die mich nicht. Am liebsten hätte ich dieses Vieh aus dem Fenster geschmissen. Humpelnd, denn nun schmerzte das Knie langsam richtig, übergab ich der Frau, welche mit Tränen in den Augen wartete, ihre Katzen. Ihren dankbaren Gesichtsausdruck vergesse ich mein Leben lang nicht. Besorgt fragte ich:
„Ihnen geht's wirklich gut? Die Feuerwehr ist ja bereits da."
„Ja, die gute alte Feuerwehr", sagte sie in Deutsch. „Nein bin gut, ebenso meine Babys."
Da kam noch eine Katze mit drei Katzenbabys die Treppe runter. Vor Freude schrie die Frau auf.
„Du lebst doch, Pussy? Und wer seid ihr denn?" fragte die Frau.
Der erste Feuerwehrmann stand vor uns. Ich zeigte auf den Seitenteil sowie eine Zwei für den zweiten Stock. Hielt es für besser, die Kurve zu kratzen, bevor die

falschen Fragen kommen: Wie ich da reingekommen wäre und wer ich sei. Humpelnd lief ich um die Ecke und schnappte mir ein Taxi. Der Fahrer schien nicht begeistert, wollte er doch sehen, was da los ist.

„Das werde ich Ihnen nie vergessen, mein Freund!" rief mir die Frau noch nach.

Als er widerwillig losfuhr, sah ich einen Menschenauflauf, der seinesgleichen suchte. Schienen alle Nachbarn gekommen zu sein, halbe Volksfeststimmung.

Gegen Mitternacht kam ich in der Pension an. Natürlich habe ich mich mit dem Taxi nicht direkt zur Pension bringen lassen, daher musste ich einige hundert Meter laufen, was schmerzte.

Nadias Tante war noch auf. Als sie sah, dass ich verletzt war, holte sie ohne zu fragen einen Verbandskasten und eine Flasche Wodka. Als alte Krankenschwester verarztete sie mich sofort. Sie goss zur Desinfektion soviel Wodka auf mein Knie, wie ich in meinem ganzen Leben nicht getrunken hatte. Dann verklebte sie den Riss und verpasste mir einen großen Verband.

„Ist denn Felicia im Haus?"

„Nein, sie ist mit Nadia unterwegs. Hatte sie vor einer Stunde hier abgeholt. Bestimmt aus Angst, dass Sie Felicia ihr vorziehen." Bei diesen Worten schmunzelte sie verständnisvoll und setzte sich wieder vor ihren Fernseher, um ihre Ratesendung zu verfolgen.

„Schade, sagen Sie ihr bitte, ich wäre bereits im Bett und hätte ihr morgen viel zu erzählen."

Gegen drei Uhr wurde ich unsanft geweckt. Nadia stand mit Felicia an meinem Bett und brüllte wütend:

„Was haben Sie da angerichtet, wollten Sie die Frau umbringen? Was haben Sie sich dabei gedacht?"
Die Krönung war, dass auch Felicia schimpfte:

„Hätte ich dir – Ihnen nie zu getraut."

„Danke auch, vielleicht komm ich auch mal zu Wort?"

„Brauchen Sie nicht, wir haben es im Fernsehen gesehen und wussten sofort, dass Sie dahinterstecken. Mam sagte in Berlin extra: keine Gewalt. Das sage ich Ihnen gleich: Wenn die Frau verletzt oder gar tot ist, werde ich Sie anzeigen. Ich Idiot habe auch noch geholfen, den Schlüssel zu besorgen. Jetzt denken die bestimmt, ich bin Ihre Komplizin. Brauchen Sie gar nicht erst abstreiten, die hatten zwei Zeugen interviewt, die Sie wegrennen sahen."

„Und deshalb schließen Sie daraus, dass ich es war? Tolles Vertrauen, was Sie in mich haben. Wissen Sie was, dann machen Sie Ihren Scheiß hier doch allein. Ich bin es zwar gewöhnt, für andere meinen Kopf hinzuhalten, doch das, was Sie mir unterstellen, ist die absolute Krönung."
Felicias Augen funkelten regelrecht. Sie legte ihren Kopf in die Hände und begann zu weinen.

„Und so was habe ich geküsst."

Typisch Frau. Ich wusste zwar, dass Frauen etwas verzeihen können, selbst wenn du nichts gemacht hast, in dem Fall ist es sogar umgekehrt. Ich kam nicht dazu, mich zu rechtfertigen. Nachdem ich mich abreagiert hatte, meinte ich versöhnend:

„Frauen, genau wie zu Haus! Lassen einen nicht zu Wort kommen." Erst mein spaßiger Einwand „Wisst ihr, ich habe mit meiner Frau mal sechs Wochen nicht gesprochen, nur weil ich sie nicht unterbrechen wollte" rief die Tante auf den Schirm.

„Bitte, wie ist denn Ihre Version?"
Ich begann zu schildern, wie es wirklich war.

„Was sollten das denn für Zeugen gewesen sein? Vielleicht die mit dem Auto, welche mich umgekarrt haben?"

„Nein, sie standen zwischen der Menschenansammlung, den Nachbarn."

„Moment, Nadia. Im Hintergrund war aber ein Auto zu sehen."

„Ein Fiat Uno, oder? Konnte man das Kennzeichen sehen? Ich habe es hier in meinem Handy."

„Nein, das weiß ich nicht. Könnte ein helles Auto gewesen sein, doch was für eins…"

„Ich klingle mal bei Roberto. Der arbeitet schließlich beim Fernsehen. Ob der was erreichen kann wegen dem Auto, das wird, bestimmt ein heißes Eisen für euch", mischte sich die Tante ein.
Ich sah auf die Uhr.

„Jetzt?"

„Doch, jetzt. Den kannst du rund um die Uhr wecken, ist der netteste Nachbar der Welt."

„Was halten Sie davon, wenn wir da mal hinfahren, um zu sehen, ob wir was Näheres erfahren können?" fragte Nadia.

„Dann komm ich aber auch mit", meinte Felicia.

„Und ich auch, schließlich versteh ich die Sprache, falls dort etwas abgeht. Schlafen kann ich nun sowieso nicht mehr", meinte Tantchen.

Ich nahm meine Jacke, da es saukalt war.

„Na dann, kommt."

Es standen wirklich noch um die zwanzig Leute vor dem Haus, die diskutierten. Wir blieben etwas abseitsstehen, doch Tantchen ging mit Felicia zu der Gruppe, um zu lauschen.

Die Feuerwehr hatte eine Brandwache dagelassen, sodass die Haustür auf war. Vier Männer und eine junge Frau redeten, nein brüllten die Frau an, sie möge endlich ihren Arsch bewegen und nicht das ganze Viertel mit ihrer Sturheit blockieren.

Es war bitterkalt. Merkte auch Nadia, denn sie zitterte und meinte mit einem Blick zu meiner Jacke:

„Verdammt, ist mir kalt."

„Stellen Sie sich in eine Ecke."

„Was hat denn das damit zu tun?"

„Na, schließlich hat jede Ecke 90 Grad. Dann wird Ihnen bestimmt nicht mehr kalt sein."

Funkelnd sah sie mich an. Hatte wohl nicht gleich geschnallt. Sie sah mich fragend an, bevor sie losprustete:

„Aha, ein Schlafzimmerwitz, wirkt erst später", kicherte sie. „Wenn Sie mich morgen früh abtrocknen dürfen, sind wir dann wieder Freunde?" Mit unschuldigen Rehaugen sah sie mich bittend an.

„Wenn ich die Dauer des Abtrocknens bestimmen darf? Deal?"

„Deal!"

Neidisch zeigte sie auf meine Jacke.

„Nicht wahr, oder? Wenn Sie die wollen, müssen Sie schon noch was draufpacken."

Lächelnd kam sie mit ihrem verführerischen Blick und küsste mich. Erst der erstaunte Ausruf von Felicia beendete diesen Kuss.

„Ach so ist es. Mich schickt ihr weg, um hinter meinem Rücken auf offener Straße Sex zu machen."

„Wow, hören Sie, Ihre Freundin hat eine noch bessere Idee, Nadia."

Ich zog die Jacke aus, um sie Nadia umzuhängen. War ja schließlich unser Deal!

„Hey, musst du nicht gleich wörtlich nehmen", lachte Felicia.

Sie wusste ja nichts von unserem Deal mit der Jacke.

„Moment mal, ist das nicht Tantchen?"

Nadia spitzte die Ohren. Ohne zu überlegen ging sie zur Tante.

„Das ist eine Dummheit!" rief ich schnell, doch stur ging sie weiter.

Wenn sie da jemand erkennen sollte als Erbin, steht fest, dass sie es gewesen sein musste! Ich humpelte mit Felicia hinterher.

Kaum angekommen, zeigte einer aus der Fünfergruppe auf mich und rief:

„Da, das ist er! Das ist der Brandstifter!"

Sofort kam eine weitere Gruppe Jugendlicher auf uns zu. Ich flüsterte Felicia schnell zu:

„Sag Nadia, sie soll, egal was passiert, keine Verbindung mit mir aufnehmen."

Der erste, der mich am Genick packte, sackte nach meinem Schlag zusammen, hatte wohl plötzlich einen Schwächeanfall. ☺ Den zweiten konnte ich durch einen

Judowurf im hohen Bogen auf den Bürgersteig schmeißen. Unglücklicherweise landete er auf einem spitzen Stein und blieb mit gebrochener Kniescheibe liegen.

Zwei Polizisten griffen zu meiner Hilfe ein, dachte ich jedenfalls. Jedoch verpasste mir der eine mit dem Schlagstock eins in die Nieren. Der zweite war noch mutiger. Er trat mir mit den Stiefeln in den Rücken, als ich am Boden lag, und legte mir auch noch Handfesseln an. Tolle Hilfe der Staatsgewalt. Dann versuchten sie, die Leute, die auf mich eintraten, von mir abzuhalten. Schließlich war ich in deren Augen der böse Brandstifter. In diesem Moment kamen Felicia und Nadia angerannt und warfen sich echt in den Mob, um mir zu helfen. Alle Achtung! Dass zwei junge hübsche Frauen für mich kämpfen, habe ich nicht alle Tage. Plötzlich stand Tantchen mit der Dame aus dem Haus da, und sie versuchten, auf die Polizisten einzureden. Die Frau rief:

„Halt, das ist doch der junge Mann, der mir geholfen und meine Tiere gerettet hat! Aber der hier", sie zeigte auf den, der mit zerschlagener Kniescheibe wimmernd am Boden saß, „war schon mehrmals am Haus und hat mich bedroht und auch meinen Hund umgebracht."

Interessierte die Polizisten nicht die Bohne! Wir, Nadia und Felicia ebenfalls, wurden ziemlich unsanft mit zur Wache genommen.

Um 8 Uhr morgens saßen wir noch auf der Polizeiwache. Die Beamten waren sehr höflich, jedenfalls zu den beiden Frauen. Als sie erfuhren, dass Nadia die Tochter der Botschafterin war, drehte sich ihre Ansicht schnell um.

Doch die Krönung war, dass Tantchen mit ihrem Nachbarn, der beim Fernsehen arbeitete, und einem Polizisten in Zivil kam. Er zeigte uns eine Aufzeichnung des Beitrags von gestern Abend, wo man den Wagen erkennen konnte. Es war wie gedacht der weiße Fiat, der mich angefahren hatte. Tantchen strahlte übers ganze Gesicht.

„Wir waren nochmal an dem Haus, und da sahen wir den Fiat stehen. Er rief gleich seinen Bruder, welcher bei der, bei euch sagt man wohl Kriminalpolizei, ist, er möge mal vorbeikommen. Ich erzählte ihm, was Sie uns sagten und dass Sie vermuten, dass dies vielleicht die wirklichen Brandstifter gewesen sein könnten.

Er sah sich den Brandort und den Wagen an. Dort lag auf dem Rücksitz ein Benzinkanister. Sofort fuhr er mit Roberto zum Krankenhaus. Ich dagegen blieb bei der Frau aus dem Haus. Sie war ganz entrüstet und verzweifelt, weil man Sie mitgenommen hat. Sie wollte zur Polizei kommen, um für Sie zu sprechen. Doch sie hatte Angst, dass man sie dann nicht mehr ins Haus lassen würde. Ich habe sie davon abgehalten. Robertos Bruder hat ja ihre Aussage, und er meinte, wenn die Kollegen mehr wissen wollen, sollen sie gefälligst ihren Arsch zu der Frau bewegen. Ist eine ganz Nette, finde ich. Sie sollen unbedingt zum Kaffeetrinken kommen, wenn dieses Missverständnis aufgeklärt ist."

Nun meldete sich der Bruder des TV-Mannes zu Wort.

„Mein Name ist José. Als mir mein Bruder erzählte, dass der weiße Fiat nicht weit vom Abrisshaus im Halteverbot steht, fuhr ich, da ich mich gerade in der Nähe befand, mal vorbei. Kam mir alles sehr bekannt vor mit der Brandstiftung. Läuft hier schon mal öfters, darum war ich bereits im Krankenhaus.

Es dauerte, keine zehn Minuten, da gestand der mit der Kniescheibe, dass sie angeheuert wurden, um ein kleines Feuer zu legen. Wäre ja keiner im Haus. Der andere hatte dann die Idee, es im TV auf Sie zu schieben. Also machen Sie sich keinen Kopf, ich kläre das jetzt mit meinen Kollegen."

„Toller Einsatz, Herr Kollege, wirklich, Hut ab. Warum sprechen Sie eigentlich so gut Deutsch?"

„War beim BKA als Austausch und Verbindungsoffizier für Spanien in Deutschland."

„Mann, danke, wie können wir uns bedanken?" fragte Nadia erfreut. „Sie haben was gut bei uns!" Als er sie anlächelte, meinte er spaßig:

„Ich wüsste da schon was."

„Hallo, bitte hinten anstellen", warf ich lachend ein.

„Wieso das denn, sind wir nicht zwei Frauen?" gab nun auch noch Felicia ihren Senf dazu.

„Und wer bestimmt die Reihenfolge?" fragte José.

„Ganz klar! Ich bekomme den deutschen Helden, denn Nadia hat er ja schließlich auch in Alemania!"

„Gut, kann ich mit leben, doch was ist mit dem Abtrocknen? Diese Nacht klappte es wieder nicht!"

„Heute Abend, versprochen. Dass ich mich mal um Sie prügle, wäre mir nie im Traum eingefallen."

„Ach wissen Sie, Nadia kenne ich gut, was soll ich machen, dass ich so begehrt bin. Aber Sie abzutrocknen, dafür würde ich mich schon mal opfern."

„Ich sehe, Sie sprechen fließend Ironisch, sogar mit sarkastischem Akzent, sollten in den diplomatischen Dienst eintreten. Gut, dass Sie nicht eingebildet sind. Ich meinte nicht prügeln, damit Sie mich nackt sehen und mich abtrocknen, sondern das vor dem Haus vorhin."

„Ach so."

Ich spielte den Enttäuschten, schob aber sofort frech nach:

„Wer weiß, ob sich das überhaupt lohnt."

„Mit Sicherheit, Nadia hat so herrlich weiche Brüste, und ihr Po erst mal."

„Mensch, halt die Klappe, Felicia, kann für mich selber sprechen." Und zu mir gewandt:

„Ich hab zwar jetzt kein Nacktfoto von mir dabei, aber ich schwöre, ich bin schön, reicht das?" Sie sah mich verführerisch an.

„Darauf kann ich mit einem klaren NEIN antworten. Ich glaube von Berufs wegen nur, was ich selber fühle oder sehe."

„Ach nee, füllen will er dich auch noch! Zu mir sagtest du, er wolle dich sicher nur mal nackt sehen beim Abtrocknen", kam es schmollend von Felicia.

„Mann, ihr seid mir ja ein verdorbener Haufen. Ihr mögt euch einigen, wer mit wem, wann usw.", lachte Roberto.

„José spricht gerade mit den Vorgesetzten wegen eurem Vorfall, er kommt gleich wieder."

„Sag mal, wie kam es, dass der Typ im Krankenhaus so schnell gesungen hat, ist doch nicht normal?"

„José hat da so seine eigene Methode, und ungeschickt, wie er ist, setzte er sich ‚aus Versehen' auf den seine Verletzung. Und siehe da, ein Wunder! Wie Wasser sprudelte es ganz von allein aus dem raus!"

José kam lächelnd aus dem Chefzimmer und meinte spaßig:

„Los, ihr habt eure Freiheit wieder, nutzt sie bis zum nächsten Mal! Ach so", er sah Nadia schmunzelnd an, „habt ihr euch geeinigt?"

„Wie sieht's aus mit einem kräftigen Frühstück?"

„Gut ja, ich kenne ein kleines Café", beeilte sich Nadia schnell zu sagen, um nicht auf seine Frage eingehen zu müssen.

„Von mir aus gern, bin ja im Dienst", meinte José.

„Und ich auch. Darf ich da eine Story daraus machen, käme bestimmt gut bei meinem Vorgesetzten."

„Solange du nichts von meiner Mam erwähnst, warum nicht. Siehst du, Felicia, vielleicht werden wir beide TV-Stars."

„Halt, dann erst ich. Ich habe eine Filmproduktionsgesellschaft, nehme euch sofort unter Vertrag!"

„Sicher eine für Pornofilme?"

„Ach, du bist unser Kunde!"

Ich grinse.

„Wenn ihr beide beim nächsten Film einsteigt, sind wir schon drei."

Nadia lächelte:

„Ich habe noch nie einen Mann kennengelernt, der so viele unerfüllte Träume hat."

„Liegt in eurer Hand, mir diese endlich zu erfüllen."

„Na ja, wenn es nur mit der Hand sein soll, das können wir ihm ja dann beim nächsten gemeinsamen Duschen mal erfüllen, oder Nadia?" konterte Felicia.

„Wow, wie seid ihr denn drauf?" kam es von José. „Ich will auch!"

„Glaube ich kaum. Sei zufrieden, wenn dir es erspart bleibt, mit den beiden zu duschen."

„Sind sie so hässlich?"

Diese Bemerkung brachte ihm von Nadia einen Puff in die Seite ein. Er ging sofort in die Knie und japste nach Luft. Erschrocken wollte Nadia ihm aufhelfen.

„Oh, das wollte ich nicht."

José grinste.

„Hab ich jetzt auch ein Duschen gut, um mich selbst zu überzeugen? Und wenn er gelogen hat, werde ich ihn töten. Wäre ja dann nur so etwas wie ein Ehrenmord." Dabei sah er mich grinsend an.

„Wenn du keine Angst vor einem Dreier hast, warum nicht. Felicia und Tantchen würden bestimmt nichts dagegen haben. Ich aber muss leider zurück nach Deutschland."

Als Nadia sein verdutztes Gesicht sah, schob sie nach:

„Seht ihr, wir Frauen können auch austeilen."

„Scheiß, was wäre das für ein geiler Dialog für einen TV-Spot!" meinte Roberto und beeilte sich, seine Kamera auszupacken.

„So ein Glück, habe ich doch zufällig dabei."

„Zufällig...", kam es von uns allen. ☺

Wir fuhren mit einem kleinen Umweg, um Tantchen nach Hause zu bringen, sie war fertig, mit zwei Polizeiwagen ins Café. Dort bekam Roberto sein Material, da, als man mich erkannte, sich gleich wieder drei Gäste auf mich stürzten. Ich sprang zur Seite, wodurch der eine an mir vorbeistolperte, wo José ihn in Empfang nahm. Vor den anderen stellten sich wieder mutig die beiden Frauen. Bis Josés Stimme durch den Raum schallte. Ich verstand zwar nichts, doch die beiden blieben schlagartig stehen. Er erklärte wohl, was wirklich abgelaufen war.

Murrend begaben sie sich wieder an ihre Tische, als die Dame vom ersten Tag reinkam. Als sie mich erkannte, kam sie gleich auf mich zu.

„Sind Sie etwa der Held, der meine Freundin gerettet hat?"

„Wenn es die mit den beiden Katzen ist, die mich schwer verletzt haben, dann ja."

„Was denn?" Sie zeigte auf mein Bein, das ich, als ich zum Tisch ging, noch nachzog.

„Nein, das nicht, sondern hier die riesige Wunde!" Ich zeigte auf einen kleinen Kratzer am Arm.

Der halbe Raum lachte, als Felicia und Nadia mitleidig ein „Ooohhh, Sie Armer" anstimmten.

Passte gut, dass die Frau da war, so konnte ich sie gleich wegen der „Einladung" ansprechen:

„Übrigens, ich bin, falls sie es ernst meinte, zum Kaffee von ihr eingeladen."

„Wenn sie es sagte, sicher. Können ja gleich mit rüberkommen, wenn ich ihr das Essen bringe."

„Gut, dann kaufen Sie", ich zeigte auf die Kuchentheke, „diesmal am besten ein Stück Nusstorte mehr, damit es sich für mich lohnt", sagte ich freudig.

„Nein, ich backe selbst, wenn ich dafür mitkommen darf", meinte Nadia.

Klappte ja besser, als ich dachte.

Roberto nahm die Gelegenheit gleich wahr:

„Was meinen Sie, könnte ich, nur von weitem, vielleicht ein, zwei Bilder davon schießen? Wäre für die Frau sicher gut, wenn man in der Öffentlichkeit sieht, was mit ihr hier angestellt wird."

„Da würde ich aber gern erst fragen, ob ihr das recht ist, junger Mann."

„Und du, bringst du uns nach Hause?" fragte Nadia José.

„Na toll auch! Ich mach die Arbeit, und der darf Sie abtrocknen."

„Sie werden ja auch dafür bezahlt."

„Wenn das so ist, toll, dass Sie mich jetzt schon fürs Abtrocknen bezahlen wollen."

„Sollte es mal eine olympische Disziplin fürs Worte-im-Mund-Umdrehen geben, müssen Sie sich unbedingt anmelden, die Goldmedaille wäre Ihnen sicher!"

„Keine Angst, ich passe auf", lachte Felicia.

„Das wäre so, als würde man den Bock zum Gärtner machen", knurrte ich spaßig.

War zwar wirklich etwas neidisch, doch was soll's, sie ist meine Klientin und einige Jährchen jünger. ‚Da muss ich durch!' Schließlich hatte ich einen Job zu erledigen.

Mir kam diese Einladung mehr als zupass. Vielleicht würde es mir gelingen, mit ihr in Kontakt zu bleiben.

Klappte! Beim Kaffee sprachen wir über ihre Jugendzeit, die sie mit ihrem Mann in einem Dorf nahe Ericeira am Meer verbrachte.

„Wir hätten da nie weggehen sollen, war unsere glücklichste Zeit. Mein Mann sagte mal, wenn der Tag gekommen sei, möchte er da begraben werden."
Sie begann zu weinen. Hilflos fragte ich, ob wir nicht im Garten, den sie angelegt hatte, spazierengehen wollten.

„So schön ist er nicht mehr, wohnt ja keiner mehr hier, und für mich allein wird es von Tag zu Tag schwerer", meinte sie, als sie aufstand.
Wir spazierten, begleitet von den Katzen und Hunden, durch den kleinen Garten, rechts der Schuppen, der total zerfallen war. Wie zufällig steuerte ich auf den Birnbaum zu. Sie erzählte, dass ihr Mann selbst heute noch in ihrem Herzen ihr Ein und Alles wäre. Als ich sie mit der Bemerkung „Würde ich übrigens auch so machen mit meiner Frau, scheißegal, was andere denken oder ob es das Gesetz erlaubt" konfrontierte. Woraufhin sie mich fragend, ich glaubte sogar ängstlich, ansah. Das reichte mir, meinen Verdacht zu verstärken, dass sie da ihren Mann illegal begraben haben könnte.
Ohne weiter darauf einzugehen oder sie gar zu bedrängen, bat ich sie, mir über das Dorf am Meer zu erzählen, womit sie schwärmend begann. Nachdem ich über eine Stunde geduldig zugehört hatte, sah ich auf die Uhr.

„Oh, wie die Zeit vergeht, und ich habe Sie mit meiner Vergangenheit gequält."

„Nein, ich bitte Sie. War sehr interessant, müssen Sie mir unbedingt noch mehr erzählen, bevor ich Freitag wieder nach Berlin fliege, sofern ich nochmal kommen darf."

„Junger Mann, damit würden Sie einer alten, einsamen Frau einen großen Gefallen tun, gern."

„Darf ich dann vielleicht meine Bekannte", ich dachte an Nadia, die sie nicht persönlich kannte, „mitbringen? Ich möchte gern jede Sekunde auskosten, die ich noch hier bei ihr in Valencia verbringen kann. Ist eine ganz Liebe. Sie werden sich bestimmt gut verstehen. Außerdem kann sie vorzüglich backen. Dann würden wir Ihnen einen Ihrer geliebten Kuchen mitbringen."

„Aber ja doch, gern. War ja auch mal jung, und wie sagt man, Liebe geht durch den Magen, und sei es der Kuchen."

Am Eingang winkte sie mir nochmal zu und sagte:

„Sie haben soviel mit meinem Mann gemeinsam. Es war gut, mit Ihnen zu reden. Wenn ich nur wüsste, ob ich Ihnen vertrauen kann. Würde Ihnen zu gern ein Geheimnis was, keiner wissen darf, anvertrauen."

„Können Sie, und ich glaube, ich kenne Ihr Geheimnis. Ist bei mir gut aufgehoben. Ich komme Euch hundert Prozent vor der Abreise besuchen." Lächelnd ließ ich die nachdenkende Frau, sicher wegen dem „Euch", zurück.

Ich glaubte, richtig zu liegen. Mit der Taxe fuhr ich zu Nadia, die mit José sowie Felicia zu Hause beim zweiten Frühstück saß.

Grinsend meinte Felicia:

„Siehst du, wie ich aufgepasst habe? Er hatte versucht, Nadia ins Bett zu schleifen. Doch ich stand mit dem Nudelholz vor ihrem Zimmer und habe es nicht zugelassen. Doch dann haben sie es einfach auf dem Wohnzimmertisch hier getrieben", schob sie lachend nach.

„Stimmt nicht! Die spinnt. ‚Nicht bevor dich Henry abgetrocknet hat‘, sagte sie zu mir", entschuldigte sich Nadia lachend.

„War aber eine echte Qual für mich, können wir es nicht gleich hinter uns bringen?" Sie sah zu mir als wie ‚Ich bin scharf auf José‘.

„Oh, ich bitte Sie, wenn es darum geht, Sie noch etwas zu quälen, halte ich auch noch einen weiteren Tag aus."
Sie kam zu mir, setze sich auf meinen Schoss, trommelte spaßig auf mich ein und flüsterte mir ins Ohr:

„Ich meine es ernst, er gefällt mir."

„Ach, nur das meinten Sie ernst?"

„Nein, auch das mit dem gemeinsamen Duschen oder Abtrocknen, was auch immer. Wäre mir jetzt langsam egal." Und lauter: „Sie sind vielleicht ein Sadist!"

„Ich rede mal mit mir, Fräulein Nadia."

„Ach nee der Herr, auf einmal so förmlich?"

„Ich möchte erst meine Neuigkeiten loswerden, können wir in Ihr Zimmer gehen?"
Sie sah mich erschrocken an.

„So meinte ich das nicht mit dem mir egal."
Ich wurde ernst und stand auf:

„Dienstlich, rein dienstlich."

„Wenn du ihn nicht schaffst, ruf mich, Nadia. Helfe dir gern dabei." Mit dieser Spitze brachte sich Felicia in Erinnerung.

Im Zimmer erzählte ich Nadia, was ich in Erfahrung gebracht hatte und dass ich annehmen würde, dass die Frau ihren Mann unter dem Birnbaum illegal vergraben hat.

„Was nee, oder? Ist das denn erlaubt? So einfach im Garten?"

„Ich weiß doch, könnte der Grund sein, warum sie unter allen Umständen nicht von da weg möchte. Sie wird ihn da nicht alleinlassen wollen."

„Und wenn es so wäre, was nun?"

„Ich hätte eine Idee. Wir sollten einen kleinen Sarg zimmern und dann sie beide mit einem Kuchen besuchen. Habe gesagt, Sie sind meine Freundin und backen so gut."

„Ich, was, ausgerechnet ich! Als Liebhaberin, da könnten wir drüber reden, doch backen, nie im Leben! Möchte ich nicht mal meinem ärgsten Feind zumuten, das dann zu essen. Doch was ist, wenn sie mich doch kennt, weiß ja nicht, vielleicht hat sie sich über Mam und mich erkundigt und irgendwo ein Foto gesehen, dann fliegt alles auf."

„Habe ich auch schon dran gedacht. Außerdem hatte die Sie nicht am Morgen, als Sie der Freundin tragen halfen, gesehen? Als Alternative könnte ich ja Felicia mitnehmen."

„Was ist, wenn die von ihrem Geliebten den Liebesdienst einfordert?"
Ich grinste. Schien damit irgendwie einen Nerv getroffen zu haben. Sie fing sich jedoch schnell.

„Okay, warum nicht, ist schließlich eine Hübsche, und ich habe Sie ja in Berlin. Sagten Sie nicht selbst, sei bei den 50.000 mit drin?" konterte sie.

„Aber mal Spaß beiseite. Wäre bestimmt besser mit ihr, zumal die von hier ist und jederzeit zu der Frau könnte, falls sich etwas anbahnen sollte."

„Gut, könnten wir so machen."

„Doch nun kommt meine außerirdische Idee. Brauche einen kleinen Sarg, so höchstens 50 Zentimeter lang, wie für ein Baby, falls es so etwas gibt. Somit könnte ich sie, wenn es sich ergeben sollte, überreden, die Urne oder was auch immer dort reinzutun. Wollte ihr vorschlagen, wenn sie umzieht, dass sie die Urne, falls es eine gibt, mitnimmt und wir ihr dabei helfen."

„Puh, wirklich ein heißes Eisen, wenn das rauskommt. Sind hier alle streng katholisch."

„Darum möchte ich die auch allein sprechen. Würde ich, wenn sie mitspielt, sowieso allein machen. Und Sie sollten sehen, dass sie am Meer, möglichst in der Nähe von Ericeira, ein kleines Haus mit Garten findet. Ich bin sicher, da würde sie drauf eingehen."
Sie pfiff.

„Nicht schlecht, Herr Specht. Das mit dem Haus wird kein Problem werden, wir müssen und wollen sie ja sowieso entschädigen. Und mit dem Babysarg weiß sicher Tantchen Rat."

„Gut, sollten Sie gleichtun, doch bitte alle anderen rauslassen. Ist viel zu gefährlich."

Bereits am Nachmittag fuhr ich mit Tantchen zu einem Friedhof, wo sie in einem Saal einen Babysarg aussuchte. Doch das Ding war weiß. Für 100 Euro waren die aber bereit, den sofort umzuspritzen.

„Hab nur ein kleines Problem, möchte es ja mit nach Deutschland nehmen. Könnten Sie das in einem Umzugskarton oder so verpacken?"

„Aber claro!" antwortete Tantchen.

„Und zu mir liefern..."

„Auch das, wäre aber dann erst morgen früh möglich."

„Gut, reicht aus, fliege ja erst übermorgen", flunkerte ich ihr vor.

So, nun galt es, dass der Frau zu verklickern in der Hoffnung, dass ich nicht falsch lag. Nadia hatte Felicia auf unsere „dienstliche Liebschaft" angesprochen, was diese begeisterte. Als ich zurückkam, war José endlich weg, und wir hauten uns alle ein paar Stunden hin.

Gegen neun Uhr abends kam Nadia, nur mit ihrem Delfin-Handtuch, was ich ja bereits kannte, in mein Zimmer, um mich wachzuküssen. Also genau genommen, sie dachte es. Natürlich war ich wach, tat ihr jedoch den Gefallen und stellte mich schlafend. Ich werde beim leisesten Geräusch wach, was bei mir berufsbedingt ist.

„Was ist mit Duschen oder genau genommen Abtrocknen? Wenn ich José wiedersehe, weiß ich nicht, ob ich schwach werde. Möchte doch mein Versprechen einlösen."

Sie sah bezaubernd aus. Ihre kräftig ausgeprägten Brustwarzen drückten sich fordernd durch das Handtuch.

Ich hob meine Bettdecke.

„Okay, los, hüpfen Sie rein! Warum dieser Umweg mit der Dusche?"

Sie sah mich ungläubig an.

„Hätte Sie nicht wecken sollen. Träumen Sie weiter."

Sauer drehte sie sich um und wackelte übertrieben mit ihrem festen, gutgebauten Hintern aus dem Zimmer. Sekunden später hörte ich das Geräusch der Dusche.

Ich Idiot, hatte ich die Chance verpasst? Sie war eine junge Frau, ich dagegen der alte Knacker, musste so einen Spruch machen. Schnell stand ich auf. Da ich nackt schlafe, nahm ich ein Kissen und ging Richtung Badezimmer. Die Tür stand offen, nicht nur diese, auch die der Dusche selbst.

Ich war hellwach, denn ich erblickte einen mängelfreien weiblichen Körper. Sie lächelte mich an und rief:

„Ha, habe die Wette gewonnen, dass Sie nachkommen."

„Hatten wir gewettet?"

„Nein nicht Sie, Felicia. Die meinte, Sie würden nur Sprüche klopfen und sich nicht mit unter die Dusche trauen."

Mein Puls spielte verrückt. Soweit hatte ich nicht zu hoffen gewagt. Sieht man doch mal wieder, wie die Frauen ticken. Hatten die was hinter meinem Rücken ausgeheckt!

„Wieso duschen? Soll ich Sie unter der Dusche abtrocknen?"

„Pah, wer nicht will, der hat schon", sagte sie schmollend und drehte sich, während sie sich einseifte, um. Ein prächtiger Hintern forderte mich regelrecht zum Duschen auf. Und sagt man nicht, der Kunde ist König? ☺ Okay, in diesem Fall Königin.

Mein Kissen flog in die Wanne, während ich die zwei Meter zur Dusche ging. Ohne Aufforderung drehte sie sich wieder und machte Platz. Dabei drückte sie mir einen Schwamm in die Hand.

„Moment, steht das in unserem Arbeitsvertrag?" fragte ich.

„Eine zweite Chance bekommen Sie nicht." Lächelnd hielt sie mir immer noch den gelben Schwamm hin.

Unerwartet schubsten mich plötzlich zwei Hände unter die Dusche zu Nadia.

„Mensch, los, Feigling! Ich habe verloren, will was für mein Geld sehen", flachste Felicia.

„Wer kann da widerstehen? Wenn es euch beruhigt: Möchte nicht schuld sein, dass du für deine verlorene Wette leer ausgehst."

Beide kicherten.

„Wir wollten Ihnen nur einen Wunsch Ihrer vielen unanständigen Träume erfüllen", lachte Nadia.

Es ließ sich nicht vermeiden, dass ich mit Nadia Körperkontakt bekam. Mein Kumpel freute sich, und ich musste alles dafür tun, dass der nicht gleich vor Freude Männchen machte. Sie fühlte sich toll an. Ohne Hemmungen wusch ich mit dem Schwamm ihre Brüste. Mann, war ich neidisch auf den!

Mich verführerisch ansehend, dabei keine Sekunde aus den Augen lassend, sagte sie zu Felicia:

„Los, wäre Zeit, dass du meinen Wettgewinn einlöst."

„Meinst du, wirklich?"

„Ja, ich meine, auch für dich gilt, es gibt keine zweite Chance."

Aus den Augenwinkeln konnte ich sehen, wie sie ihren Pyjama auszog und sich mit unter die Dusche quetschte.

„Holla, was ist das denn bitte?"

„Zwei weitere Brüste! Hast du Probleme damit?" Unsicher sah sie mich an.

‚Nochmal, machst du den Fehler nicht mit mir', redete mir mein Kumpel da unten ein, ‚sonst sind wir geschiedene Leute.'

„Was ist denn nun die Wette, um was geht es denn?" fragte ich Nadia neugierig.

Sie lachte.

„Dass sie dann mit unter die Dusche kommt, als Anstandswauwau!"

„Und was wäre, wenn Felicia gewonnen hätte?"

„Wäre sie mit Ihnen unter die Dusche gegangen, und ich wäre dazugekommen."

Mein verdatterter Gesichtsausdruck schien beide zu erfreuen. Lachend fielen sie sich in die Arme und küssten sich zärtlich, während ich nicht uneigennützig mit der anderen Hand, jedoch da ohne Schwamm, Felicias Brüste einseifte. So konnte ich schön vergleichen. Hemmungslos küssten sie sich mehrere Minuten, als ich plötzlich eine Hand an meinem Schwanz spürte, Nadias Hand.

Ein weiterer Traum hatte sich erfüllt, leider nur kurz.

Felicia drehte sich zu mir und fragte:

„Darf ich?"

Sie küsste mich kurz, während Nadia mich von hinten fest umfasste, sodass ich ihre fantastischen Brüste spürte. Wow! Mein Kumpel hatte längst die Geduld verloren und stand brav seinen Mann. Dann kam der Schock.

Felicia sah mich an und meinte:

„Du weißt, dass ich auf Frauen stehe? Darf ich Nadia jetzt weiter einseifen."

„Sicher. Hast du übrigens mit über einer Milliarde Männer gemeinsam, dieses Hobby."

„Hä, muss ich das verstehen?"

„Na, die mögen auch Frauen, genau wie ich."

Sie sahen mich abwesend an. Nicht nur ihre Gedanken waren woanders. Auch Nadias Hände seiften jetzt Felicias Brüste ein, wo meine Hände dran waren, welche sie jedoch langsam wegzog und meinte:

„Ich bin dran, sind jetzt meine!"

Etwas verwundert fragte ich Felicia:

„Störe ich?"

„Wow, sieh mal, und schlau ist er auch", flüsterte Nadia etwas abweisend.

Doch so schnell gab ich nicht auf! Ich fragte:

„Darf ich?" Ohne weiter zu fragen, massierte ich Nadias Brüste. Ließ sie nicht kalt, denn sofort begann sie leise zu stöhnen.

„Und das sind jetzt meine", kam es von Felicia, als die meine Hände von Nadias Brüsten nahm.

Ziemlich wütend trat ich einen Schritt zurück, wobei ich mich an dieser scheiß Duschverkleidung den Kopf stieß.

„Oh, das wollten wir nicht!"

Beide nahmen mich in die Mitte und drückten mich. Nun spürte ich von beiden eine Hand an meinem Schwanz. Ich war mehr als beleidigt, drehte mich raus und verließ die Dusche. „Spielverderber!" rief Nadia mir nach, doch so ganz unrecht schien es ihr nicht zu sein.

207

Hätte sowieso rausgemusst, denn Tantchen kam, um sich die Zähne zu putzen. Und ich mit einer Latte vor ihr. Na toll auch!

Sie lächelte nur und meinte:
„Dass ich das nochmal erleben würde!" Dabei sah sie grinsend an mir runter.
Ich glaube echt, dass ich rot wurde.

Noch etwas sauer zog ich mich an und verließ das Haus. Ich fuhr zum Objekt, musste mich irgendwie abkühlen. Leider konnte ich kein Licht sehen, war der Grund, warum ich vor Wut in einer Kneipe landete. Gegen zwei Uhr ließ ich mich nach Hause fahren. Ich hatte Glück, alles schlief. Ich schmiss mich gleich mit den Sachen aufs Bett. Tausendmal habe ich die Situation durchgespielt, wie ich es in den Babysarg kriege.
Aber wie weiter? Am besten, falls sie drauf eingeht,

besorge ich Umzugskartons, so würde es nicht auffallen. Einer mehr oder weniger. Das Telefon klingelte.

Nadia rief:
„Ist bestimmt für mich, ich geh schon!"
Nur im Slip rannte sie an mir vorbei.

Sie nahm mich überhaupt nicht wahr. Bei ihr schien auch Eiszeit angesagt.

Ich ging in die Küche und machte mir, da auch Felicia sich nicht blicken ließ, einen Kaffee. Als ich an Nadia vorbeikam, glaubte ich, sie strecke ihre Brust so gut wie es ging raus.
Ihr Lächeln ließ zwar mich, nicht jedoch meinen Kumpel kalt. Ich hatte das Gefühl, sie wollte mich reizen.

Meine Kälte schien sie noch anzustacheln, denn als sie fertig war, schaute sie kurz in die Küche und rief:

„Gehe duschen. Sie haben ja noch das Abtrocknen gut, oder?"
Lächelnd ging sie Richtung Bad. Ich gestehe, dass ich diskret um die Ecke schmulte. Es gab einen Streit mit meinem Kumpel, doch die Vernunft siegte. Ich beließ es bei meinem Kaffee.
Keine fünf Minuten später rief sie über den ganzen Flur:
„Gibt es denn jemand, der mich gern abtrocknen würde?"
Ich stand sofort auf, klopfte bei Felicia und warf ihr das Handtuch, was Nadia am Telefon liegengelassen hatte, zu.
„Sollst sie abtrocknen."

Ohne ein weiteres Wort schloss ich die Tür und ging leise
zum Bad. Der Spiegel auf dem Flur erlaubte es mir, sie zu

beobachten. Sie war ohne Wenn und Aber eine dufte Granate!

Sie übte vor dem Badezimmerspiegel die beste Position. Schien sich sicher, dass ich geiler Trottel nach ihr hipperte. Stimmte fast, doch mein Ego war stärker. Ich rief ihr nett zu:

„Wie befohlen kommt gleich jemand, aber ob gern, weiß ich nicht."

Ach, dieser Satz war so gut wie ein kleiner Ersatzorgasmus.

„Wie befohlen kommt gleich jemand, aber ob gern, weiß ich nicht."

Ach, dieser Satz war so gut wie ein kleiner Ersatzorgasmus.

Den Geräuschen nach trieben sie es beide unter der Dusche oder versuchten, mich heiß zu machen, um mich dann vielleicht wieder wegzuschicken. Denkste! Ich wagte einige Schritte, um wieder die Spiegelstellung einzunehmen. Wow! Ich fragte mich, wer ist denn hier der Sadist?

Wenn es nicht geklingelt hätte, wäre ich sicher schwach geworden, doch so musste ich einen Sarg abnehmen, da Tantchen bereits auf dem Markt war. Die Verpackung war bescheuert. Eine einfache durchsichtige Plastikplane. Wenn ich damit hätte fliegen sollen, das wäre bestimmt gut bei den Passagieren angekommen.

Felicia kam, nur mit einem Handtuch bekleidet, da es ja eigentlich ihr Job war, die Tür aufzumachen. Als sie sah, was ich in der Hand hielt, ließ sie schreiend das Handtuch fallen und schrie was in Spanisch, sodass Nadia splitternackt angerannt kam.

Jetzt: zwei nackte Sahneschnitten und ein attraktiver Mann ☺ mit einem Kindersarg auf dem Arm... Wenn es nicht so traurig gewesen wäre, hätte man lachen müssen.

„Ist nur zur Abschreckung, mein Schatz, keine Angst. Erkläre ich dir beim Frühstück", sagte Nadia und nahm sie tröstend in den Arm.

Ein Bild für Götter, wie sich beide in den Armen hielten und mich ängstlich ansahen.

„Hey, ist doch nichts drin!" Ich öffnete den – und wurde selbst blass. In dem weißen Bett lag eine Puppe mit einem Schild.

„Wir verneigen uns vor den Toten, mit Kompliment", übersetzte Nadia.

Blöder Scherz oder hier so üblich? Weiß ich heute noch nicht. Ich stellte das Ding in eine Art Kammer neben der Küche. Danach kam Felicia weinend zu mir in den Arm und fragte:

„Warum machst du so was?"

Nadia, hatte sich eine Jeans angezogen, was nicht minder erotisch aussah mit ihrem freien Busen, und klärte Felicia auf.

„Was, und mit den beiden", sie zeigte auf mich und auf den Raum, wo der Sarg stand, „soll ich in das unheimliche Haus? Spinnt ihr?"

Beim Frühstück wurde nur das Nötigste gesprochen. Felicia fürchtete sich immer noch, und Nadia schien sauer zu sein. Die Abfuhr lag ihr wohl auf dem Magen. Ihr, so klasse wie sie aussieht, wird das bestimmt noch nie passiert sein.

Nadias Mam rief an, dass sie drei Häuser über einen Makler zur Auswahl hätte, die für die Frau in Frage kämen. Sie maile uns die gleich zu.

Die Tür ging zu, Tantchen war zurück vom Markt und buk den Kuchen. Störte sie nicht mal, dass die Mädel obenrum nichts anhatten. Wer weiß, was die Tante schon alles mit den beiden erlebt hatte, schließlich ist Nadia öfters hier.

„Gut, Nadia, ich warte noch ab, bis die Fotos da sind. Fahre mal am Café vorbei, vielleicht treffe ich die Freundin von Veronica an. Werde ihr heute Nachmittag vorschlagen, und vielleicht kann sie sogar dabei sein. Nicht dass die alte Dame einen Schock kriegt. Besorge inzwischen einen Karton, können ja schlecht so mit der Taxe hinfahren."

„Sie sollten meiner Freundin genau erklären, was ihre Rolle ist, nicht dass sie sich verquatscht."

„Bin ja nicht nur doof", sagte die mürrisch.

„Felicia sollte sich etwas zurechtmachen, möchte schließlich mit ihr angeben", rief ich von der Tür aus, dann war ich weg.

Nachmittags klingelte mein Handy. War die Freundin der Dame. Das mit dem Besuch bei der Frau klappe, und wie verabredet würde sie eine halbe Stunde später kommen.

Ich hatte lediglich einen Eierkarton auftreiben können, der die erforderliche Größe hatte, um den Babysarg zu verpacken.

So, nun geht's ums Ganze. Ich musste den Eierkarton etwas verändern, damit meine Idee da reinpasste. Während Nadia die Fotos der Häuser ausdruckte, brachte ich den runter zum Taxi.

Ich hielt es für besser, nicht mit Nadias Wagen zu fahren. Als die beiden Frauen runterkamen, setzte sich Felicia nur widerwillig neben den Eierkarton in das Taxi. Ich wollte nicht, dass ihn der Taxifahrer anfasst und in den Kofferraum legt, nicht dass der was bemerkt.

„Warum schauen Sie laufend auf die Uhr?" fragte ich Nadia.

„Egal, ist sowieso zu spät. Hatte gehofft..." Sie brach ab und lächelte erlöst.

Hinter dem Taxi hielt ein Alfa Romeo an, und José sprang raus.

„Ich dachte, es wäre gut, wenn er auf Sie aufpasst."

Verstimmt sah ich sie an.

Schnell schob sie leise nach:

„Nicht dass Ihnen was passiert und ich auf Ihr zärtliches Abtrocknen verzichten muss."

„Das ist ein Argument. Abtrocknen ja, doch zärtlich nein. Nicht für diesen Sado-Maso-Trip, den ihr mir vorgespielt habt."

„Okay, muss ja nicht zärtlich sein. Gestern hatte ich schiss, doch Felicia wollte echt. Machen Sie was draus!"

„Was soll das mit José, was weiß der wirklich?"

„Nichts weiter, doch ich glaube, ihm kann man trauen. Also mit der Vermutung, dass sie..., darüber habe ich keinen Pieps gesagt. Doch er meinte, er hätte sowieso Dienst, und er wolle lediglich in der Nähe sein."

„Hätten Sie mir vorhersagen sollen, das Taxigeld könnten wir sparen. Gut, wenn er nicht mit rein will, lassen wir es drauf ankommen."

José blieb noch kurz bei Nadia, er wusste ja, wo wir hinwollten.

Ich ließ Felicia im Taxi sitzen und stieg aus. Ich zahlte, nahm meinen Karton und stellte diesen am Hauseingang ab. Auf mein Klopfen öffnete die Frau jedoch nicht. Vielleicht war sie im Garten am Birnbaum. Aus dem Haus geht sie ja wohl nie.

„So, meine Geliebte", ich nahm Felicia in den Arm, „nun haben wir endlich mal Zeit für uns. Könnten ja etwas Schmusen üben, oder?"

Ich grinste sie an.

„Ich bin für oder", konterte sie.

Schlagfertig sagte ich:

„Was, hier vor allen Leuten? Na bitte, dann fang mal an, dich auszuziehen."

„Was soll denn das schon wieder?"

„Na, schmusen wolltest du ja nicht. Setzen wir halt das Spiel mit der Dusche fort, jetzt, wo du dich nicht hinter Nadia verstecken kannst."

Sie lachte herzhaft – das erste Mal, seit wir mit dem Eierkarton unterwegs sind. Wollte ich auch erreichen, das war wirklich ein kleiner Schock für sie.

„Und wenn schon, war nicht ich es, sondern Nadia, die sich vor dir versteckte. Bei mir hättest du leichtes Spiel gehabt. Na, verblüfft dich meine Offenheit? Das Leben rennt schneller, als man denkt. Dann bin ich eine alte Jungfer und muss nur noch von Erinnerungen leben."

„Dann sollten wir beide schnell viel dafür tun, dass du auch interessante erotische Erinnerungen hast." Ohne eine Antwort abzuwarten, zog ich sie ran und küsste sie zärtlich.

„Hallo, geh ruhig richtig ran. Meinst du, ich habe noch nichts gemacht, woran ich mich später erinnern könnte? Bin schließlich keine Jungfrau mehr.
Sag mal, küsst du immer mit offenen Augen? Bist nicht gerade ein Romantiker, oder?"

„Und ob, doch ich bin nicht hier, um freche spanische Mädel zu verführen, sondern habe einen Job, und das heißt, auf der Hut sein. Ich beobachte da einen Wagen, habe das Gefühl, der observiert das Haus."

„Was ist das, observiert?"

„Lass deine Augen auf und beobachte, was hinter mir passiert, ich hinter dir!"
Ich zog sie ran und küsste sie, wobei meine Hände ihre Brüste über ihre dünne Bluse streichelten. Plötzlich öffnete sie mit ihrer linken Hand zwei Knöpfe der Bluse. Wenn das kein Freibrief war.

„Komm!" Wir setzten uns vor der Haustür auf den Bürgersteig.
Sie nahm meine Hand und schob diese unter ihre beige Jacke zu ihrem Busen. Scheiß, dass wir hier warten mussten, ich hätte sie am liebsten...

„Sieh mal, meintest du den Wagen, der gerade wendet?"
Aus den Augenwinkeln bemerkte ich es jetzt auch.

„Ja, gut observiert, Kollegin. Küss mich und schau genau, wo er hinfährt."

„Er fährt gerade an uns vorbei", flüsterte sie beim Küssen.

Ich stand auf, um nochmal am Haus zu klopfen, denn mit dem Eierkarton vor der Tür war mir unwohl.

In dem Moment fuhr der weiße Wagen vor, machte eine Vollbremsung, und zwei Mann sprangen raus. Ich erkannte den einen aus dem Alfa Romeo und schrie:
„Felicia, renn weg!"
Sie schien wie gelähmt, sah nur erschrocken zu den beiden. Einer hatte sie erreicht, packte sie an den Haaren und hielt ihr ein Messer an den Hals. Der andere war bei mir. Mit einem Tritt gegen das Schienbein sowie einem gezielten Handkantenschlag schaltete ich ihn aus. Langsam ging ich die paar Meter auf den anderen zu. Er brüllte mich an.
„Bleib stehen, sonst mach ich deine Nutte kalt!"
„Verdammt, wo ist José, wenn man ihn braucht?" schoss es mir durch den Kopf. „Legt der etwa noch Nadia flach, während es hier ums Ganze geht?"
Ich sah in Felicias verängstigtes Gesicht.
„Los, deine Knarre her, brüllt er mich an, sonst ist sie Hundefutter!"
„Okay, mach keinen Scheiß, warte."
Mit zwei Fingern hole ich langsam meine Waffe raus. Im Hintergrund sehe ich – es muss doch einen Gott geben –, wie José sich ranschleicht. Ich muss den Arsch bei Felicia, wie auch immer, ablenken.
„Hey, ich habe 20.000 Euro dabei, wollte heute ein Auto kaufen, kannst du haben. Lass dafür dieses Mädchen in Ruhe, die hat doch nichts mit mir zu tun."
„Ja? Bin ich blind? Habe gesehen, wie ihr rumgeknutscht habt."
Eine Stimme hinter mir sagt:

217

„Her mit dem Geld."
In der gleichen Sekunde spüre ich auch ein Messer an meinem Bauch. Scheiß, es sind drei Typen. Der Dritte packt mich. Dadurch abgelenkt, wird der, welcher Felicia bedroht, kurz unaufmerksam.

Reicht José, der nur noch zwei Meter von ihm weg ist, um dem mit voller Wucht in die Kniekehlen zu springen. Und das ist auch meine Chance, sodass ich mit voller Wucht mit dem Hacken gegen sein Schienbein schlage und gleichzeitig versuche, wegzutauchen.

Sein Messer erwischt mich daher zum Glück nur am Unterarm, direkt unter der Hand. Das Blut schießt regelrecht raus, und ich weiß, dass, wenn ich ihn nicht zu fassen bekomme, es für mich verdammt schlecht ausgehen könnte. Es geht nun um alles, du oder ich!

Ich erwische seine Hand mit dem Messer und drehe es nach innen. Spüre förmlich, wie es sich durch sein Hemd bohrt und dann feststeckt. Da keiner das Messer loslässt, fallen wir beide um, wobei das Messer sich tiefer in seine Brust bohrt. Mit letzter Kraft halte ich es weiter fest und schreie auf, da wir uns genau auf meine verletzte Hand rollen, als sich Felicia mutig auf ihn wirft. Dadurch kann ich zurückrollen.

Er zog sich das Messer raus und wurde bewusstlos. Als Felicia seine blutende Brust sah, schrie sie vor Schreck auf:

„Oh, habe ich ihn getötet?" Sie hielt die Hände vor ihre Augen und begann zu weinen. Als sie hochschaute bemerkte sie, dass auch ich blutete.

„Oh Gott, was ist, was soll ich machen?"
Scherzend erwiderte ich unter großen Schmerzen:

„Im Film würde die Frau jetzt den Unterrock zerreißen und mich verbinden."
Verzweifelt sah sie mich an.

„Kannst du in meine Jacke fassen, da ist ein Verbandspäckchen drin."
Habe ich schon seit meiner Zeit als Bodyguard immer dabei. Hat schon oft wertvolle Dienste geleistet.
José hatte mittlerweile den andern an eine Laterne gefesselt, riss der überforderten Felicia das Päckchen aus der Hand und verband mich. Dabei legte er seine Pistole auf meinen Oberschenkel und zeigte auf den Bewusstlosen.
Ich verstand sofort, doch der blieb bewusstlos. Kaum hatte er mir einen Druckverband angelegt, der dringend notwendig war, wie das Krankenhaus später mitteilte, rief er über Funk Ambulanz und Verstärkung.

„Mann, langweilig wird es mit dir wohl nie", meinte er.

„Brauchst mich nicht aufheitern bei der tollen Krankenschwester."
Felicia umfasste mich nämlich weinend, wobei sie meinen Kopf fest an ihre Brust drückte, sodass ich ihr Herz pochen hörte.

„Hey Kleine, ich höre dein Herz pochen an deinem Busen, dafür würde ich mich glatt nochmal stechen lassen."

„Mein Gott, selbst in dieser Situation denkst du an Sex. Halte bloß die Hand still, damit es zu bluten aufhört." Sie streichelte mich wie ein kleines Kind.
Ich hielt meinen Kopf weiter ans „Brustkissen". War angenehm weich. Meine Hand war wie verrückt am Puckern.

Mit schmerzverzerrtem Gesicht fragte ich José:
    „Was ist mit ihm?"
Er drehte sich zu ihm und riss sein Hemd ganz auf.

Felicia half mir hoch. Dabei weiteten sich vor Angst ihre Pupillen, als sie rief:
    „Pass auf, Henry!"

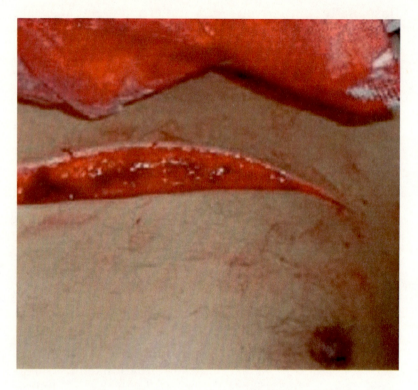

Ein Weiterer kam angestürmt und trat José brutal in den Rücken. Mit letzter Kraft schlug ich gegen seine Kniescheibe, sodass er zu Fall kam. Mit meinem Absatz trat ich auf seine Kehle und zischte:

„Du Bastard, deine Mutter hätte dich lieber schlucken sollen als dich auf die Welt zu bringen!"

„Lass ihn Henry, ich übernehme!" rief José mir zu.

„Machst dich nur unglücklich oder die Hände schmutzig an diesem feigen Schwein."

Recht brutal, weitaus brutaler als ich, legte er ihm Handfesseln an.

Die Ambulanz kam endlich um die Ecke. Der Sanitäter sprang raus, sah kurz zum Verletzten, als José ihm was sagte. Er kam zu mir und zog mich unverständlicherweise erst mit.

„Ich kümmere mich um den. Hörst du, da kommt der Notarzt zur Ambulanz. Sie nehmen dich zuerst."

Felicia wich nicht von meiner Seite und stieg mit ein.

Es bummerte an der Tür, sodass der Sanitäter nochmals öffnete. Die Blumenfrau schaute ängstlich-besorgt rein.

„Was ist passiert? Geht's Ihnen gut? Mein Gott, was ist mit meiner Freundin?"

„Zu viele Fragen auf einmal, typisch weiblich. Ihre Freundin hatte nicht aufgemacht. Mir geht es gut, komme nur etwa später zum Kaffee. Ach ja, könnten Sie meinen Karton, der am Eingang steht, mit reinnehmen? Aber bitte auf keinen Fall aufmachen, könnte nach hinten losgehen. Soll eine Überraschung für die Frau sein. Und noch was: Könnten Sie bitte für mich etwas vorfühlen. Sagen sie ihr, ich bin auch wegen dem Haus da, aber auf ihrer Seite. Sollte sie mich nun nicht mehr sehen wollen, könnte ich das verstehen. Doch bedenken Sie dabei: Die Leute hier, welche die Frau raushaben wollen, sind nicht die Erben, sondern ein ganz brutaler Makler mit Mafiamethoden. Mitten im Satz schloss der Sanitäter die

Tür. Mit „feierlicher Beleuchtung und Musik" raste er zum Krankenhaus.

„Ruf Nadia an, damit sie dich abholt, das mit unserem Date ist wohl geplatzt."

„Nein, ich sage, sie soll ins Krankenhaus kommen. Mir geht der Arsch auf Eis oder so."
Sie fragte den Sanitäter, wo's hingehen soll.

„In die Universitätsklinik, ist am nächsten!"

Man verpasste mir dort zwei mörderische Spritzen und klammerte die Wunde, als auch schon Nadia erschien.
Ihre erste Frage:

„Was ist mit José?"

„Mann, sind Sie um mich besorgt. Danke für Ihr Mitgefühl."

„Entschuldigung, natürlich bin ich besorgt. Wollte ja nur wissen, ob er auch verletzt ist."

„Der ist okay, aber ein anderer ist tot", erwiderte Felicia für mich.

„Polizist?"

„Nein, einer von denen hatte ein Messer in der Brust."

„Verdammt, in was habe ich Sie da mit reingezogen?"

„Ja, da werden Sie wohl nur mit dem Abtrocknen als Prämie nicht ganz hinkommen."

„Scheint Ihnen ja gut zu gehen, wenn Sie nur daran denken. Ihr Männer seid doch alle gleich. Außerdem waren wir bereits weiter mit unseren Verhandlungen wegen dem Abtrocknen, oder?" Sie grinste verführerisch.

„Dann kann ich ja gehen", mischte sich Felicia beleidigt ein.

„Nein, wo denkst du hin. Du bist meine Freundin, und Nadia nehmen wir nur als Gespielin."

„Das ist mal ein Wort! Die Idee überhaupt, was sagst du dazu, Nadia?"

Nun war es Felicia, die lächelte.

„Habt mich ja schon längst überredet. Ja egal, ach, was weiß ich, von mir aus. Doch was ist nun, macht ihr euch keinen Kopf wegen dem?"

„Nein, nicht die Bohne, war sein Business, damit muss er leben!"

„Oder auch nicht", ergänzte Felicia leise und wurde wieder ernst.

Nadias Telefon klingelte. Die Schwester zeigte auf ein Verbotsschild und sah sie böse an. Es war José.

„Der wurde abgeholt. Lebt, aber mehr weiß ich nicht. Die beiden andern sind auf der Wache. Ich fahre auch dahin, mal sehen, ob ich da wieder was rauskitzeln kann. Melde mich dann. Wie geht's Henry?"

„Wenn ich sehe, mit was für einem Blick er die Krankenschwester ansieht, scheinbar sehr gut." Sie drückte ihn weg und sah mich an:

„Und nun?"

„Fährst du uns zu der Frau? Wenn die meine Kiste aufmacht, war alles umsonst. Aber nicht ganz vor die Tür, obwohl ich glaube, dass sich da heute nichts mehr abspielt."

„Was denn, so willst du da hin? Hast du noch nicht genug?" Felicia zeigte auf meinen verbundenen Arm.

„Klar, muss mich doch bedauern lassen. Ihr beide seid ja sowas von kalt."

„Warte, wenn du zu Haus bist, dann werden wir dich bemuttern, oder Felicia?"

„Klar doch, und wie. Muss ich wieder mitkommen?"

„Wäre gut, unser Kaffeekränzchen wurde doch lediglich etwas verschoben. Date ist Date!"

Die illegale geheime Umbettung

Vor dem Haus stand ein Polizist. José hatte veranlasst, dass Veronica erst einmal Polizeischutz bekam. Nachdem er inoffiziell seinen Bruder angerufen hatte, der eine Kurzreportage machte, ist zu erwarten, dass viele Leute kommen, um zu schauen, ob noch was von dem Kampf zu sehen wäre. Hatte Roberto sicher total aufgeblasen.

Diesmal öffnete die Frau sofort.

„Gott sei Dank, junger Mann, kommen Sie nur schnell rein." Sie lächelte Felicia an. „Mädchen, wo sind Sie da nur reingeraten?"

„Ja, wo die Liebe so hinfällt", meinte Felicia und küsste mich auf die Wange. Fand ihre Antwort irgendwie cool.

Die Frau war echt um uns besorgt. Trotzdem hatte ich das Gefühl, dass sie mir gegenüber misstrauisch war.

„Darf ich mal an meine Kiste, da ist der Kuchen drin."

„Was denn, so einen großen Kuchen haben Sie gebacken?" fragte Veronica erstaunt. „Sie steht im Flur." Wir aßen den Kuchen, und ich merkte, dass langsam die Schmerzspritze nachließ.

„Ich hab da noch was, kann aber nach hinten losgehen, daher würde ich Ihnen die Überraschung gerne erst einmal allein zeigen. Aber bitte wirklich, wenn ich falsch liegen sollte, vergessen wir es, und keiner wird es erfahren. Sie dürfen aber niemandem was sagen, sonst lacht man mich noch aus."

„Auch meiner Freundin nicht?"

„Weder ihrer noch meiner", ich zeigte auf Felicia.

„Gehen wir in mein Schlafzimmer, junger Mann."

„Ich weiß nicht, ob ich da nicht mit meiner Felicia Ärger bekomme." Ich schmunzle brav.

„Sie sind gut. Ich weiß doch nicht mehr, was man da, außer schlafen, machen könnte."
Felicia lachte laut.

„Mann, von mir aus, solange sie nicht schwanger wird. Das hattest du mir schon versprochen, denke daran."

Die Stimmung ist super. Gleich werde ich wissen, ob es so bleibt oder ob ich im hohen Bogen hier rausfliege. Ich hole den Eierkarton, und wir gehen ins Schlafzimmer.

„Ich muss Ihnen was dazu erklären." Wir setzen uns auf die Bettkante.

„Na, dann mal los, junger Mann."

„Gut, also wie ja jeder weiß, sollen Sie hier raus, doch Sie wollen nicht, egal, was man Ihnen bietet. Sehen Sie mich bitte als Freund.

Kurz zu meiner Überraschung. Also ich würde es mit meiner Frau genauso machen und umgekehrt, die Scheißgesetze sind uns so was von egal! Also nehmen wir mal an, ich habe mit meiner Vermutung recht. Dann würde ich gern den Inhalt des Kartons..., um genau zu sein etwas in den Inhalt tun. Und dann könnte ich noch fünfzig Kartons besorgen, um auch Ihre persönlichen Dinge einzupacken. Zusammen würden wir es dann, ich bin dabei, dort hinbringen, wo Sie gern möchten. Sie bestimmen wohin. Um Ihnen das zu erleichtern, hat die Tochter der Botschafterin, sie ist die Erbin, nicht die Mutter, mehrere Angebote von kleineren Häusern eingeholt. Ich dachte, Ihnen wäre es in Ericeira recht. Alle Kosten würde die Erbin zahlen."

„Puh, irgendwie fühle ich mich überfordert."

„Moment, ich dachte, es wäre toll, wenn Sie mit Pedro auch da zusammen sein könnten, bis sie eines Tages bei ihm sind. Das müssten Sie aber notariell klären. Ich erledige es dann. Und da könnten wir bestimmt auch einen Birnbaum pflanzen."

„Warum einen Birnbaum?"

„Sehen Sie bitte erst in den Karton, dann verstehen Sie vielleicht. Ich gehe kurz raus. Sollte ich falsch liegen, nehme ich die Überraschung wieder mit und Schluss." Leise ging ich vor die Tür.

Nach einigen Minuten klopfte ich an, war mir nun doch unheimlich. Nicht dass sie einen Herzinfarkt oder was bekommen hatte. Oder es sogar noch als Drohung sieht: Wenn du nicht ausziehst, kommst du nur so hier raus!

Sie öffnete, völlig in Tränen aufgelöst, und fiel mir um den Hals.

„Woher wussten Sie?" stotterte sie.

Als ich die Frau und den Babysarg sah, begannen selbst meine Augen zu schwitzen.

„Weil ich es genauso gemacht hätte. Und Sie wissen, irgendwann müssen Sie raus, und ich finde, er sollte mit. Ich mache es gern, von Herzen gern für Sie. Und keiner wird es mitkriegen. Darf ich die Tochter anrufen, sie wartet draußen im Auto und hat Fotos der Häuser dabei, die Sie sich ganz unverbindlich ansehen sollten."

„Ja, aber bitte", sie zeigte auf den Sarg.

Da ich sie nicht anlügen wollte, nickte ich nur und versprach nichts.

„Und Ihre Freundin?" Ich zeigte auf den Nachbarraum.

Sie legte den Finger auf ihre Lippen. Ich hatte verstanden.

Nadia kam mit einem großen Blumenstrauß und einer Flasche Champagner, die sie zwischenzeitlich besorgt hatte. Es wurde ein netter Nachmittag, nein Abend. Selbst José kam später dazu.

Beim dritten Foto schrie sie erfreut auf.

„Nein wirklich, da ist ein Haus ganz in der Nähe, wo wir gewohnt hatten. Sind da oft mit den Fahrrädern vorbeigefahren und haben uns über die herrlichen Blumen und Obstbäume gefreut."

„Ja, da rechts unten, was ist das denn?" rufe ich vor Freude. „Sehen Sie mal genau hin."

Die Frau tanzte vor Freude und sah mich kopfnickend an. Die Freundin schaute nur fragend, sie verstand nur „Bahnhof fährt ab, Zug bleibt stehen".

Felicia und Nadia verrieten nicht, dass sie wussten, worum es ging.

Waren zwei Birnbäume. Hatte ich selbst erst gesehen, als sie von den Blumen und Obstbäumen sprach, absoluter Zufall oder Fügung?

Nadia stelle der Frau José als ihren Freund vor. Dabei sah sie mich an, als wolle sie mich eifersüchtig machen. Ist ihr jedoch nicht gelungen! Na, sagen wir mal kaum.

„Wenn Sie irgendwelche Probleme bekommen mit Nachbarn oder so, rufen Sie mich an, egal wie spät es ist."

„Sie können ihn beim Wort nehmen. Wäre ich so hässlich, würde ich mich auch zu jeder Tages- oder Nachtzeit über den Anruf einer Dame freuen."

Konnte mich gerade noch rechtzeitig vor der Kuchengabel, die angeflogen kam, ducken.

Elf Tage später flog ich wieder nach Valencia, buddelte mit der Frau die Urne aus und legte sie feierlich in den Sarg. Alles andere war schon in Kisten verpackt. Das Beste war, dass José mit Kollegen den Möbeltransport inklusive „Spezialkarton" übernahm – sozusagen ein illegaler Transport!

Das neue Haus hatte sogar drei Birnbäume, einer war hinter dem Haus. Hatten wir auf dem Foto damals nicht sehen können. Wir entschieden uns für die zwei, welche zusammenstanden.

„So kann er immer auf die Straße und das Meer sehen", stammelte sie vor Tränen, als wir ihn wieder einbuddelten.

„Und wenn Sie eines Tages dann zu ihm wollen, können Sie auf mich zählen, das erledige ich wie versprochen gern. Aber lassen Sie sich damit noch viel Zeit."

Nachtrag

Das unerwartete Ende
Leider ging das schneller als erwartet. Sie wurde beim Einkaufen von einem besoffenen Ferrari-Fahrer, der auch noch Fahrerflucht beging, direkt vor ihrem Haus überfahren. Bei ihrer offiziellen Trauerfeier versprach mir José, dieses Schwein zu finden. Ich nahm die Urne wie verabredet offiziell mit in ein Dorf 150 Kilometer von hier entfernt, wo ihre Eltern liegen sollten. Doch nachts legte ich diese wie versprochen heimlich in den Babysarg. War schon etwas unheimlich. Da sie mich damals bei der notariellen Beurkundung des Hauses gleich als Erben dafür einsetzte, war auch nach ihrem Ableben gesichert, dass sie dort ruhen kann. Ich ließ José, nachdem ich ihm mein Geheimnis verriet und er versprach, es auch weiter zu verheimlichen, erst einmal in dem Haus wohnen.
Fünf Wochen später wurde der Ferrari-Fahrer, dieses Schwein, durch einen glücklichen Zufall gefunden. Anschließend fiel der, ein Millionärssohn, wie ich hörte, in einem Park die Treppe runter, sogar mehrmals. Mann, musste der ungeschickt gewesen sein. ☺ Nun gibt's den auch nicht mehr.

Das Abtrocknen

Zwei Wochen nach Auftragsende lud mich Nadia auf neun Uhr zum Frühstück in ihre Dahlemer Villa ein. Armes Mädel, sie hatte kaum was anzuziehen. Sie empfing mich lächelnd, nur in einem kleinen schwarzen Slip. Ihr Spruch:

„Ach Sie, jetzt schon?" Sie sah schmunzelnd auf die Uhr: „Ich habe doch prompt verschlafen, wollte gerade erst duschen."

Komisch nur, dass der Tisch sogar mit Rührei und Schampus schon gedeckt war. Stand sogar frische Schlagsahne, bestimmt, um meinen Kumpel nach der Arbeit wieder „aufzuladen". Ich ahnte noch nicht, wie dringend ich das dann machen musste.

„Stört es, wenn ich erst noch schnell dusche?"

Sie nahm mich an der Hand, im Bad gab sie mir ein ganz kleines Handtuch. Ungeniert zog sie den ohnehin überflüssigen Slip aus.

„Keine Angst, Mam ist nicht da."

„So ein Pech auch, auf die wäre ich richtig scharf, schade."

Prompt haute sie mir ihren Slip um die Ohren.

„Sie können einem auch jede Vorfreude verderben."

„Wieso, hatte ich nicht noch einen ,Dreier' wegen dem versuchten Duschabend in Lissabon gut

Sie stand bereits unter der Dusche.

Ihre Augen versprachen einfach alles.
  „Vielleicht sollten Sie sich abkühlen bei den heißen Gedanken, oder?"
Bevor sie weitersprechen konnte, sagte ich:
  „Entscheide mich für das Oder!"
War genau die richtige Entscheidung. Nicht nur ihr Kuss machte mich heiß,
als sie mich plötzlich zu sich zog, so wie ich war, mit Klamotten. Hastig zog Nadia mich ohne Hemmungen aus. Die Sachen lagen auf dem Boden.

Meine Hände erforschten endlich jeden Zentimeter ihres Körpers.

Ihr plötzliches „Na, willst du mich auch von innen kennenlernen?" verblüffte mich doch etwas.
Wie hätte ich als Gentleman dieses Angebot abschlagen können. Fast gierig sprang sie mich an, ihre Beine dabei um meine Hüfte klammernd. Mit einer gekonnten Bewegung schaffte sie es, dass dadurch mein Kumpel endlich auf seine Kosten kam. Sie war sowas von geil und hemmungslos, dass ich sprachlos war. Sie schien völlig zu vergessen, dass ich bereits ein paar Jahre mehr als sie auf dem Buckel hatte. Hatte echt Mühe, dabei stehenzubleiben.

Bei jeder ihrer Bewegungen klatschten ihre nassen

Schenkel an meine Hüfte.

Unsere Küsse nahmen mir die letzte Luft. Ihre Zunge spielte mit meiner wie verrückt, nur durch ihre Bemerkung unterbrochen:
„Meine Zunge kann noch mehr, will er sie da spüren?"

Dabei kniff sie die Muskeln ihrer Oberschenkel zusammen, sodass mein Schwanz regelrecht eingeklemmt wurde. Langsam ließ sie sich runtergleiten, kniete vor mir auf der nassen Jeans und setzte es in die Tat um.
‚Was ist das nur für ein Frühstück!' dachte ich, fehlt nur noch...
Ihr erlösendes „Lass mich umdrehen und nimm dir, was du möchtest" kam mir sehr gelegen, da ich kaum mehr Kraft hatte, sie zu halten. Mein „Dann würde ich den Jeep, der auf dem Hof steht, nehmen" kam nicht besonders an.
Ihr Keuchen und Stöhnen, das selbst das Prasseln des Wassers übertönte, spornte mich zu Höchstleistungen an, als ich plötzlich weiche Brüste auf dem Rücken spürte.
Verdammt, was ist das? War die Mutter etwa doch da? Die Hände wanderten weiter zu Nadias Busen. Für eine Zehntelsekunde war ich geschockt.
„Hallo, Mutter und Tochter?"
Gut, hatte ich schon mal in Braunschweig zu meiner Jugendzeit erlebt. Doch der Biss in mein Ohr ließ mich erschrocken umdrehen.

Da war sie! Felicia, nackt wie Gott sie schuf. Verdammt, wie oft hatte ich in Valencia davon geträumt. Ich war baff.

„Wie sagtest du damals zu uns? ‚Versprechen muss man einlösen‘, was wir hiermit tun! Akzeptierst du es so?"

Mir fehlten die Worte. Waren in diesem Moment auch total überflüssig, zumal Nadias Wollust grenzenlos war. Ihr Stöhnen signalisierte: Sie braucht mehr.

Felicia hatte sich seitlich vorgearbeitet und küsste mich, während meine Hände ihre Brüste keine Sekunde losließen. Meine Stöße forderten nun selbst von Nadia das Letzte. Ihr Aufschrei kündigte ihren Orgasmus an. Erschöpft sackte sie vor mir auf den Boden der Dusche. Verstopft durch meine Sachen, war mittlerweile nicht nur das ganze Bad überflutet, sondern das Wasser erreichte schon den Flur mit den Holzdielen.

Erschrocken schrie sie:

„Mein Gott, was für ein Scheiß!"

Felicias einziger Kommentar:

„Oh, dumm gelaufen". Ihre Hände sorgten dafür, dass mein Kumpel Haltung bewahrte, bis sie sagte:

„Na, alter Mann, hast du es nochmals drauf, oder soll ich gleich José rufen, dass er mich verwöhnt?"

Das war eine Beleidigung und schockte mich etwas: War der etwa auch hier, und wenn ja, hatten die etwa beide mit ihm die Nacht durchgevögelt? War ich nur der Ersatzmann?

Nadia, die meinen Gesichtsausdruck sah, musste unweigerlich lachen.

„Keine Angst, würden wir doch nie wagen, bevor Sie nicht auf Ihre Kosten gekommen sind."

„Hallo, wie seid ihr denn drauf? Habt gevögelt und sagt Sie! Geht's noch?"

Ich war nicht untätig. Mein Freund hatte den Eingang von Felicias rasierter Muschi gefunden, ihre Hände taten den Rest. Durch den Druck auf meinen Hintern hatte er es geschafft und ging auf Besichtigungstour, als Nadia neidisch sagte.

„Felicia, willst du mir nicht erst helfen zu wischen?" Und mit einem Blick zu mir: „Der braucht bestimmt eine Pause."

Etwas recht hatte sie, doch einige Stöße ließ ich mir nicht nehmen, bevor ich mich zurückzog und auf den Wannenrand setzte. Nun war es Felicia, die enttäuscht schaute.

„Gefällt mir", sagte ich lachend.

„Jetzt siehst du mal, wie es mir an dem Abend mit euch in der Dusche erging."

Innerlich war ich über die Pause froh. Der Ausblick, wie die beiden dann vor mir nackt auf dem Boden krochen, sorgte dafür, dass meine Bereitschaft schneller als gedacht wieder da war. Zwei wunderschöne junge Hintern und, weil sie beide auf Knien wischten, hängende Brüste warteten darauf, nochmals verwöhnt zu werden.

Nicht unerwähnt lassen möchte ich das Frühstück, das wir zu dritt und völlig nackt einnahmen – was sie mir beide vor einem unvergesslichen Tag mit Schwerstarbeit im Schlafzimmer und am Pool gönnten.

Meine Frau weckte mich, nachdem ich vor Erschöpfung einen ganzen Tag nach der kurzen Nacht durchgeschlafen hatte, mit dem Hinweis:

„Hey du Bock, am Telefon wartet die Nächste! Bedenke aber, ich habe auch Rechte an dir." Sie gab mir das Handy.

„Hallo, na, kannst du dich noch an mich erinnern? Wie sieht's aus mit der restlichen Entschuldigung?"

„Wow, immer jederzeit. Toll, dass du dich mal meldest."

„Hatte ich gestern schon, doch da warst du, wie mir deine Frau sagte, in deiner Tätigkeit als ‚Deckoffizier' unterwegs."

„Na ja, nicht ganz. Hatte mir nur eine Prämie für den letzten Einsatz abgeholt."

„In natura?"

„Sicher in natura!"

„Na, dann brauch ich ja nicht nach Berlin zu kommen."

„Wer bitte sagt das? Dich schaff ich doch mit links."

„Wer sagt denn, dass ich mich von dir werde poppen lassen? Habe lange mit deiner hübschen Frau geredet. Wir sind uns einig: Ihr Männer kennt nur Zärtlichkeit, wenn ihr was von uns wollt. Übrigens, weißt du, wie die Haut am Penis heißt?"

„Meinst du die Vorhaut?"

„Nee Mann!" Sie lachte sich fast tot. „Jetzt habe ich dich endlich auch mal gekriegt. Ich lach mich tot."

„Mh, kannst du damit noch warten, bis ich dich sowas von durchgefickt habe, dass du um Gnade wimmerst!"

„Träum weiter, ich komme nur, wenn ich auch mit Heidi darf, darf ich?"

„Von mir aus. Doch ich glaube kaum."

„Sagte ja, träum weiter. Habe ich schon längst mit ihr klargemacht. Bringe auch für dich eine nette Freundin mit. Heidi hat nichts dagegen."

„Und wie ist sie?"

„Willig!"

„Knappe Antwort, wie beim Militär!"

„Nein, nicht ganz getroffen, sie ist Polizistin. Neunundzwanzig Jahre jung, schlank, kleineren Busen als ich, schwarze, lange Haare und lebt nach der Devise: ‚Lebe heute! Du lebst nur einmal'. Und sie hasst die meistgebrauchte Lüge der Welt. Davon hat sie die Schnauze voll."

„Welche bitte genau ist das?"

„‚Ich liebe Dich!' Sie sagt immer ‚Sex ja, Liebe nein, so wird man wenigstens nicht enttäuscht'."

„Auch ein Standpunkt. Freu mich schon, wann kommt ihr?"

„Freitag übers verlängerte Wochenende. Und wir bringen euch Masken aus Venedig mit."

„Mein Gott, sieht deine Freundin so schlimm aus, dass ihr Masken braucht?"

„Lass dich überraschen." Sie hängte auf.

Als ich auf die Terrasse zum Frühstück kam, bemerkte ich sofort, dass Heidi nervös war. Wollte wohl die Antwort von mir hören. Ich ließ sie zappeln. War ja erst Mittwoch.

Sie ließ es sich nicht nehmen, die beiden vom Flughafen abzuholen.

Meine Haushälterin bereitete indes die beiden Gästezimmer vor, wobei ich ihr unter die Arme griff, also genauer genommen an ihre großen Brüste.

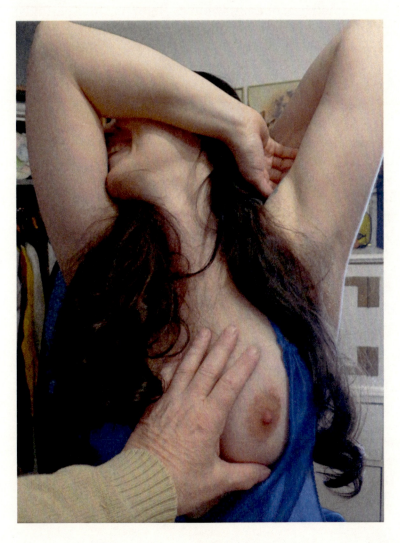

Kerstin ist immer für einen Flirt mit mir/uns gut.

Sie mag es, wenn man an ihren Möpsen, wie sie die nennt, spielt. Besonders, wenn es Heidi macht. Kerstin ist unkompliziert und schnell heiß – und das Beste: Sie steht auf Peitschen. Einfach ein Traum.
Sofort drehte sie sich um, hob brav die Hände, sodass ich freien Zugang in den blauen Fummel aus Seide hatte.

Dabei fragte sie lachend:
„Brauchen Sie mich da vielleicht auch, wenn Sie die Maskenparty veranstalten? Okay, ich habe gelauscht. Schließlich muss ich mich vorbereiten, wenn Hausbesuch kommt. Sagen Sie nicht immer zu mir, der alte Pfadfinderspruch zählt. Und der heißt: ‚Allzeit bereit!' "
Und das ist sie wirklich und hat immer gute Laune.
Leider wurde meine „Hilfsaktion" unterbrochen, da das Telefon klingelte. Kerstin nahm ab, hörte zu und meinte dann:

„Für Sie, Chefe, sieht nach Arbeit aus, ein Anruf aus Frankreich, eine Frau Lücke oder so. Ist es nicht die von der bekannten Kaufhauskette?"
Ich zuckte mit den Schultern über den sehr unpassenden Anruf.
Die Tochter eines Millionärs (wenigstens) weinte bitterlich und bettelte:

„Bitte, nur Sie können mir noch helfen. Ich flehe Sie an, den Auftrag zu übernehmen. Der Vorstand der Bank of Scotland, Dr. Kesselbach, meinte: Wenn es jemand draufhat, dann Sie.“

„Ich weiß nicht recht, Frau Lücke, bin erst von einem Einsatz zurück und wollte meine Frau genießen“, sagte ich etwas pampig. Ich war versauert.

„Es geht um eine Frau, die angeblich einen alten Mann in der Nähe von Quiberon versteckt hält, um ihn zu beerben. Die Tochter befürchtet, die versuche, ihn zu vergiften, um schnell an das Riesenerbe ranzukommen. Zwanzigtausend für Spesen, und wenn erfolgreich“, das heißt, ich muss ihn lebend finden, „gibt es siebenundsiebzigtausend sowie alle Auslagen noch obendrauf“, schlug sie mir vor.

„Warum gerade siebenundsiebzig?“

„Weil Paps genau siebenundsiebzig ist.“

„Dann rufen Sie am besten nochmal an, wenn er hundert ist, klingt interessanter für mich. Gut, Spaß beiseite. Geben Sie mir wenigstens das Wochenende Bedenkzeit. Ich rufe Sie Montag gleich morgens an, versprochen.“

„Ja sicher doch, Sie können mich auch jederzeit am Wochenende anrufen. First-Class-Ticket liegt für Sie und Kollegen, wie viele Sie auch immer brauchen, bereit.“

Klang nicht uninteressant.

Ich wollte eigentlich etwas kürzertreten, und dann der Besuch von Celina und ihrer Freundin... Ich wollte mich gerade wieder Kerstin widmen, als es bereits hupte, sodass sich Kerstin schmollend ihr Hemdchen, was immer noch ihre Brust zeigte, brav zuzog. Heidi kam mit unseren Gästen.

„Schatz, Celina hat noch eine Überraschung mitgebracht."

Aha, bestimmt ihr Cousin, den ja meine Frau bekehren wollte. Haben die beiden bestimmt hinter meinem Rücken ausgeheckt. War leicht enttäuscht.

Kerstin schaute neugierig aus dem Toilettenfenster und rief aufgeregt:

„Hä, sind das nicht drei Frauen?"

Ich wurde hellhörig. Zügig sprang ich die Treppe runter, um sie an der Terrassentür zu empfangen. Wow, drei Frauen, zwei noch hübscher als Celina, schritten, sich umfassend, die Freitreppe rauf – ein Anblick für Götter. Mein Puls war vor Begeisterung bestimmt auf 180!

„Hallo Henry, wie versprochen habe ich dir was zum Naschen mitgebracht. Das ist Chiara", sie zeigte auf die Blondine neben sich.

„Und ich bin Mia", zwitscherte die Rothaarige, „und wir können neben Italienisch Französisch und Deutsch."

„Seit wann kannst du denn Französisch, Mia?" fragte Chiara ungläubig.

„Hab ich was vom Reden gesagt?"

Heidi lachte und meinte:

„Da bist du bei Henry richtig. Er träumt schon lange fürs Büro von einer Lutschinsky. Sagt immer: Was Clinton kann, kann ich schon lange."

„Wenn ich unter den Schreibtisch passe, bin dabei", lachte Mia.

„Hoffe, er ist groß genug für uns beide. Geht es schon wieder los, dass wir uns um den Mann streiten?"

„Was meinen Sie bitte mit ‚er ist groß genug' genau?" melde ich mich lachend zu Wort.

„Ist er ganz sicher", kommt es vom Balkonfenster.

„Ich bin die Kerstin und spreche aus Erfahrung habe es mit Vivien schon mal probiert."

„Ach, ist ja interessant, mein Lieber, und ich denke, du arbeitest mit denen im Büro?"

„Macht er ja auch, bloß ab und zu machen wir eine Sicherheitsübung wie in den amerikanischen Schulen oder Betrieben. Da heißt es: unter die Tische und Deckung nehmen."

„Ja sicher, und Henry ist der dann der Deckoffizier!"

„So habe ich es noch gar nicht gesehen. Aber im weitesten Sinne ja", konterte Kerstin.

„Unter dem Zelt habe ich einen Begrüßungscocktail fertiggemacht, einen Swimmingpool. Also könnt ihr euch aussuchen, den Cocktail oder gleich den Pool."

„Na, das ist ein Service, und wo sind die Männer?" fragte Chiara spaßig.

„Nee, meine Kleine, das ist hier ein Mädelwochenende, hatte ich euch gesagt. Nur Henry, damit er Ruhe gibt", erklärte Celina.
Mia sah Kerstin an.

„Und du, bist du auch dabei?"

„Wenn ich frei bekomme, gern!" Hoffnungsvoll sah Kerstin mich an.
Heidi lachte.

„Und ob du frei bekommst, von mir aus sofort."

Kerstin richtete sich auf, setzte sich auf das Balkongeländer und ließ wie zufällig ihre blaue Bluse runterrutschen.

„Na denn, ich kommeeee!"

„Ich glaube, meine Frau sagte freimachen, nicht sich freimachen!"

Gespielt traurig sah sie Heidi an.

Heidi lachte.

„Lass doch den reden, komm runter zu uns."

Das brauchte man Kerstin nicht zweimal sagen.

„Vergesse den Schampus nicht", ruft Mia noch frech hoch, „wir hätten den gern im Pool serviert – natürlich nackt!"

Hätte sie bei Kerstin nicht sagen sollen. Die griff sich sofort eine Flasche und unseren Servierring für den Pool. Erfreut über diese Einladung – woher sollten die beiden wissen, dass Kerstin ein Frauenvamp ist. Sie zog sich noch im Flur aus und stolzierte mit dem Schampus die alte Steintreppe zum Pool runter.

Celina war schon mehr als erstaunt über die coole Art von Kerstin. Ich wusste allerdings, dass sie ebenso auf Frauen steht.

Also warum drumrumreden?

Angriff ist die beste Verteidigung. Und wie es aussieht, habe ich nur die zwei Tage, um alle näher kennenzulernen.

. Okay, alle heißt nur Mia, denn die anderen kannte ich ja bereits. ☺

Mia hatte für mein Empfinden „ein Gramm" zuviel, aber sie war ein ganz Nette, vor allem unkompliziert. Mir war es recht, denn der Schampus ist mein heimlicher Verbündeter. Nicht selten werden die Frauen dabei unkomplizierter und kommen den Wünschen schneller entgegen. Wird sicher auch für ihre Wünsche zutreffen, sonst würden sie ihn schließlich nicht trinken.

Der Blick von Celina – wie ‚Gefällt mir! Kommst du dazu?' – forderte mich regelrecht auf, zur unangemeldeten Poolparty, die nun bereits am Nachmittag eröffnet wurde, dazuzustoßen. Das ließ meinen Puls schneller schlagen. Mit eingezogenem Bauch, soweit es noch ging, bewegte ich mich Richtung Pool. Gedanklich machte ich schon einen Köpfler, um alle drei gleich nasszumachen – also erst mal so ☺ –, als mein Handy klingelte.

Eine weibliche Stimme quatscht mich in Italienisch voll – Mann, wie die das schafft, ohne Luft zu holen so lange zu reden. In meinem „perfekten" Italienisch sage ich stotternd:

„Uno momento, prego", dann rufe ich Celina.

„Hier, sicher für dich. Wenn sie gut aussieht, soll sie vorbeikommen! Jedoch wichtig: Sie soll ihren Bikini vergessen", sage ich spaßig.

„Was denn, reichen dir drei Frauen nicht fürs Bett?"

„Für vormittags schon, doch ich dachte, ihr wolltet den ganzen Tag hierbleiben."

Sie übersetzt das nicht nur am Telefon, sondern auch ihren Freudinnen, denn sie kommen auf mich zu und schlagen mich brutal mit ihren Fäusten, sodass ich nur eine Möglichkeit sehe, sie zu besänftigen: Ich packe sie an ihren Brüsten und halte sie daran fest.

„Hey, was soll das?" fragt Mia lachend.

„Paragraf 32 StGB, reine Notwehr."

„Wenn wir dir nicht reichen, was ist mit deiner hübschen Frau?"

„Moment, wer seine Frau liebt, der schont sie! Du trägst doch dein bestes Kleid auch nicht jeden Tag? Außerdem will ich euch ja auch was gönnen."

Celina sabbelte weiter und hängte dann auf.

„Aha, hast du der Angst gemacht, weil sie das Gespräch gleich beendet hat?" frage ich neugierig.

„Momento, *ich* habe das Gespräch beendet. Habe ihr gesagt, wenn sie nicht total verdorben werden will, soll sie diese Telefonnummer sofort vergessen."

„Und was sagte sie dazu?"

„Tantchen, du bist ein Egoist."

„Wow, also schlau scheint sie ja schon mal zu sein. Wenn sie jetzt auch noch hübsch wäre…"

„Und ob sie hübsch ist. Bei ihrem Abi-Ball schlugen sich im wahrsten Sinne die Männer um sie. Weiß nur nicht, ob es an ihrem Kleid lag. Jedenfalls hat sie nicht weniger erotische Ideen um die Ohren wie du. So eine kann ich doch nicht zu dir lassen."

„Aha, willst also nur nicht teilen!" Ich rufe meine charmante Sekretärin Vivien:

„Schließen Sie bitte meine Frau vor Celina weg, sie will ja auch nicht mit mir teilen."

Celina ist gerade im Begriff, aus dem Pool zu kommen, und reicht mir ein Handtuch.

„Hier, walte deines Amtes. Mach mich trocken."

„Wieso das denn? Habe dich ja noch nicht einmal nass gemacht." Sie wird, als sie sich das übersetzt, wirklich ein klein wenig rot.

Vivien sieht aus dem Fenster und ruft:

„Chef, ein Anruf aus dem Reich der Mafiosi!"

„Ist doch sicher für…" Ich zeige auf Celina.

„Nein, für Sie, wirklich!"

Ich nehme das Telefon gleich im Salon ab. Eine tiefe Bassstimme fragt:

„Wo du sein? Ich komme sie bringen."

„Hallo? Was wollen Sie bringen, und wer sind Sie überhaupt?"

„Ich sein Berliner Taxifahrer und meine Fracht hübsch. Sie gab mir die Nummer, sagte bitte anrufen und fragen nach genauer Adresse. Und genau das mache ich ja gerade." Dann kurz Ruhe, bis sich die Quasselstrippe von vorhin meldet.

In Englisch offenbart sie mir, dass sie kommen wolle, ich aber ihrer Tante noch nichts sagen solle. Wäre eine Überraschung, sie hätte sie lange nicht gesehen und freue sich schon.

„Ach so", sage ich enttäuscht, „dachte, sie wollen mich kennenlernen."

„Ist ja auch so. Dachte, ich kann ja nicht gleich mit dem Haus in die Tür fallen."

„Sie meinen sicher mit der Tür ins Haus, okay, Ausrede angenommen."

„Und ja, ich habe auch keinen Bikini bei", sagt sie lachend noch schnell.

„Na, das ist doch mal ein Wort, besser als ein Blumenstrauß. Ein hübsches nacktes Mädchen."

„Kann ich mein Telefon noch irgendwann wiederbekommen?" ertönt die Bassstimme im Hintergrund.

Sie reicht das Handy weiter, damit ich ihm die Adresse geben kann. Bevor er auflegt sage ich noch:

„10 Euro extra, wenn Sie ihr das Telefon nochmal kurz geben."

„10 Euro? Wow, dafür können Sie mit ihr reden, bis ich bei Euch bin." Dann gibt er das Telefon wieder an die Nichte von Celina.

„Wo waren wir stehengeblieben?"

„Weiß nicht, ich jedenfalls sitzen, nicht stehen, und zwar in einem Taxi. Sie sagten was von hübsch. Woher wollen Sie das wissen?"

„Auch wieder richtig. Alles unter 52 Kilo ist für mich hübsch."

„Mit oder ohne Sachen?"

„Na ohne natürlich, wer mag denn sonst sowas?"

„Gut, bringen Sie dem Taxifahrer bei, dass ich mich jetzt ausziehen werde, um bei Ihnen als hübsch durchzukommen. Könnte aber etwas später werden, denn die letzten Meter werde ich laufen müssen, um noch ein Kilo zu verlieren", sagt sie kichernd.

„Quatsch, war ein Spaß. Ich finde 55 Kilo und zehn Millionen auf dem Konto sind kein Alter und immer hübsch."

„Ja wenn Sie mit alten Liren zufrieden sind – wir haben noch viele –, könnte es hinkommen", kontert sie.
Sie gibt das Handy wieder an den Taxifahrer. Der meint nur:

„Mann, wir sind in halba Stunde bei dia." Dann hängt er auf.

Ich bin gespannt wie ein Flitzebogen. Wenn sie so aussieht wie sie Spaß versteht, wäre sie ohne Zweifel eine Bereicherung für mein Wochenendharem.
Ich rufe Vivien an und sage:

„Wenn es klingelt nichts sagen. Mir nur ein Zeichen geben, soll eine Überraschung werden. Erwarte eine Portion Frischfleisch", schiebe ich noch spaßig nach.

„Natürlich, dann bin ich out, aber wenn keine andere da ist, bin ich gut genug", sagt sie schmollend.

„Wieso, Sie haben doch einen Freund, oder?"

„Und Sie eine Frau, oder?"

„Ja, aber Sie wissen, dass ich es mit zwei Frauen mag."

„Und ich mit zwei Männern! So, nun wieder Sie."

„Können wir drüber reden, doch nicht unbedingt mit ihrem Freund."

Mia ruft:

„Wo bleibt der Herr des Hauses, hat er jetzt schon genug von uns oder etwa Angst?"

„Weder noch! Doch muss noch auf die Antwort meines Anwalts warten, der prüft, ob ich auch nicht wegen Mumienschändung verurteilt werden kann, wenn ich euch so im Pool sehe."

Das, was jetzt folgt, genau das wollte ich erreichen: Alle klettern aus dem Pool und kommen zu mir gerannt, um es mir zu geben. Als ich sie freudig in den Arm nehmen will, gehen sie nackt wie Gott sie schuf an mir vorbei und fragen:

„Wo finden wir die hübsche Hausherrin?"

Mh, da haben sie mich. Doch ich habe noch den Trumpf mit der Nichte im Ärmel. Hoffe nur, dass sie eine Hübsche ist. Und das war sie.

Minuten später – die Mädels waren bei meiner Frau an der Bar, um sich einen neuen Drink zu mixen – gab Vivien mir das Zeichen. Sie hatte im Überwachungsmonitor die Taxe gesehen. Ich ging schnell raus, um die Kosten zu übernehmen, doch die fuhr bereits los – und keine Nichte weit und breit. Ich wurde unsicher, als Vivien mich hochwinkte.

„Dachte, ich lasse sie vorsichtshalber durch das Büro, weil ich nicht wusste, ob zufällig einer Ihrer ‚Damen' unten im Haus ist – und wie Sie sehen, hatte ich recht."

„Wo ist sie denn nun?"

„Habe sie im Bad versteckt."

„Na, dann hoffen wir mal, dass sie gleich im Whirlpool sitzt."

Lächelnd und mehr als neugierig ging ich hoch. Ich stand oder besser vor mir stand eine echte Granate. So bescheiden wie ich bin würde ich sagen, sie könnte meine Zwillingsschwester sein. Es gab nichts, aber auch gar nichts zu bemängeln, jedenfalls angezogen nicht.

Ihr Lächeln überzeugte mich dahingehend, dass ich alles daran setzen sollte, die deutsch-italienische Freundschaft zu vertiefen. ☺

Überraschend sagt sie in gutem Deutsch:

„Wollte schon in die Wanne. Hallo, bin die Malina."

„Wow, woher können Sie so gut Deutsch?"

„Gegenfrage: und Sie?"

„Ich kann es schon seit ich sprechen kann."

„Na dann, willkommen im Club, ich auch, wenigstens etwas. Hatte sechs Jahre lang Nanny aus Leipzig."

„Oh, aber was bitte hat das mit deutscher Sprache zu tun, Leipzig, Sachsen?"

Als ich ihren verdatterten Gesichtsausdruck sehe, sage ich versöhnlich:

„Okay, lass ich gerade nochmal durchgehen."

Frech schaue ich auf ihr Dekolleté.

„Tolles Kleid, gleich mit Inhalt gekauft?"

„Nee, gehört alles mir."

Nicht weniger frech zeigt sie mir ihre beiden Eintrittskarten für – da bin ich sicher – jede Diskothek.

„Und echt?"

„Probieren Sie es doch."

„Ungern, doch ich bin der Hausherr und hasse Fakes."

Mutig strecke ich eine Hand nach einer dieser Juwelen. Ohne zu zucken lässt sie es sich gefallen.

Lächelnd sieht sie mich an:

„Mann, packen Sie ruhig zu, sind nicht aus Watte!"

Dabei lacht sie herzhaft.

„Tolles Haus hier! Sie kennen mich nun schon fast nackt, haben mich fast zum Orgasmus gebracht, und ich weiß noch nicht einmal, wie Sie heißen."

„Finden Sie es halt raus, Schöne. Komm, wollen

wir nicht Ihre Tante überraschen?"

„Moment noch, sie hat mich fünf Jahre nicht mehr gesehen, weil ich in Schweden mit Mama lebe. Sie rief vorige Woche an, und da wir zufällig eine Woche in Berlin Urlaub machen, wollten wir uns treffen. Darum gab sie mir ja auch Ihre Telefonnummer, damit wir uns nicht verpassen."

„Okay, spricht doch nichts dagegen? Die sind unten, am oder im Pool."

„Cool, darf ich da auch rein? Wie wäre es, wenn ich einfach da reinspringe, ist doch nicht tief, oder?"

„Doch, und wie, aber ich bin ein Rettungsschwimmer und besonders gut..."

„Brauchen Sie nicht weiterreden, sicher in Mund-zu-Mund-Beatmung, oder?" Sie grinst.

„Ach, man kennt meine Stärken sogar in Schweden?" kontere ich.

„Sicher, aber mal Spaß beiseite: Habe wirklich keinen Bikini bei."

„Passt, ist hier auch wirklich verboten. Kann Ihnen ein Handtuch borgen."

„Nehmen Sie sich das da links aus dem Spiegelschrank. Aber beim Ausziehen bitte lächeln, wegen den versteckten Kameras!"

In der Erwartung, die Schöne endlich nackt zu sehen, ging ich ins Zelt am Pool, wo ich bei einem Drink gespannt wartete. Und es wurde belohnt.
Nach kaum fünf Minuten kam sie mit Vivien runter, die ihr den Weg zum Pool zeigte. Da die anderen noch an der

Bar saßen, bekamen sie das nicht sofort mit. Unweigerlich kam sie an unserem Besuchertelefon vorbei, immer wieder ein kleiner Renner bei Besuch, und fragte Vivien:

„Was denn, konnte man damit wirklich mal telefonieren?"

„Nicht konnte, kann man immer noch, wieso nicht?"

Vivien reichte ihr den Hörer, und lachend fragte Malina:

„Darf ich mal?"

„Sicher, nur zu!"

Sie versuchte, mit ihren langen Fingernägeln die Zahlen auf der Wählscheibe zu drücken.

„Hallo, was machst du denn da?" fragte Vivien.

„Na wie geht denn dies blöde Ding sonst?"

„Geht gar nicht, hängt schließlich! Versuchst du nicht mal, den Finger in die Drehscheibe an den richtigen Zahlen zu stecken und dann zu drehen?"

„Mann, ist das umständlich!"

Für ihr Alter, sie behauptete ja, gerade achtzehn geworden zu sein, ist ihr Körper mehr als ausgereift.
Vorsichtig, noch etwas schüchtern, geht sie in den Pool. Sie hat gleich den Schwimmsessel zu sich gezogen, scheint ein wenig wasserscheu zu sein. Doch als sie drinsitzt, lässt die Scheu nach. Lächelnd paddelt sie zu mir und fragt, ob ich ihre Tante rufen könne.

„Moment, kommen Sie erst mal hier an den Rand."
Fragend schiebt sie sich zu mir.

„Sie haben Glück. Möchte Ihnen nur den Gewinn überreichen, bevor alle einen wollen."

„Was denn für einen Gewinn?"

„Sie haben den zweiten Preis, ein lebenslanges Freibaden in meinem Pool mit mir, gewonnen."

„Mit Ihnen? Oh toll, und was wäre der erste Preis?"

„Lebenslanges Baden hier im Pool ohne mich."

„Und das nennen Sie Glück? Kann ich nochmals ziehen, vielleicht gewinne ich doch den ersten Preis?"
Lachend schiebt sie sich vom Rand ab und aalt sich verführerisch im Sessel. Das Handtuch dient dabei lediglich als Unterlage.
Ich rufe Celina und frage, warum sie nicht mit mir unter dem Zelt was trinkt, sondern an der Bar rumlungert.

„Aha, hast du uns auch endlich zur Kenntnis genommen!"

Alle drei kommen mit ihren Gläsern zum Zelt. Erstaunt bemerken sie, dass ich noch weiteren Besuch habe. Doch erkannt hat Celina ihre Nichte noch nicht – oder sie ist eine gute Schauspielerin, und die wollen mich auflaufen lassen. Was auch immer, jedenfalls ist ihr Kommen ein Gewinn!

Erst nachdem Malina zum Zelt paddelt und ruft „Tantchen, erkennst du mich gar nicht?", setzt sich Celina forsch auf.

   „Was, nee, du? Wie kommst du denn hierher? Woher kennt ihr euch?"

   „Aber Tantchen, du hast mir die Telefonnummer doch selbst nach Schweden gemailt, schon vergessen?"

„Aber die Adresse, woher wusstest du…?“

„Hab mir nach unserem Telefonat ein Taxi genommen, und du hast mich mit deinen Späßen vorhin erst richtig heiß gemacht. Vergessen, ich bin ja nun nicht mehr zwölf? Wer könnte eine bessere Lehrmeisterin sein als du, meine Lieblingstante, mit ihren Männern und Frauen“, fügt sie lachend noch hinzu.

Die Gesandte und ihre verfänglichen Fotos

Vivien ruft mich, und es kommt, wie es kommen musste. Ein Botschafter ist am Telefon: Eine seiner Gesandten sei in großen Schwierigkeiten, ob ich schnell mal vorbeirutschen könnte.

„Scheiß, warum haben Sie nicht gesagt, ich bin nicht in Berlin?"

„Weil sie eifersüchtig ist, da sie nicht mit im Pool eingeladen wurde", sagt die dabeistehende Kerstin sauer.

Wow, das sitzt! Wütend dreht sich Vivien um mit der Bemerkung:

„Einer muss ja arbeiten und das Büro aufrechthalten, oder?"

„Hört auf, was soll der Besuch denken? Vivien, bleiben Sie bei unseren Gästen, und Kerstin, Sie kommen mit ins Büro!" Ich bin sauer, wenn ich was nicht mag, ist es Zickenkrieg!

Der Botschafter ist ein langjähriger Kunde, und wenn man jahrelang gutes Geld mit dem verdient hat, sollte man wenn er Probleme hat alles andere liegenlassen. Und die Damen werden mir ja wohl nicht wegrennen – hoffentlich.

„Herr Botschafter, was kann ich für Sie tun?"

„Für mich weniger, es geht um Frau Gotulas. Sie wird mit schmutzigen Fotos erpresst. Dachte, dass Sie ihr eventuell etwas raten könnten."

„Sicher, gern, wo finde ich sie denn?"

„Sie sitzt hier in der Botschaft und weint Krokodilstränen."

Ich sehe auf die Uhr:

„Bin in einer Stunde bei Ihnen, muss mir nur etwas anziehen und mich rasieren."

„Oh Gott, Sie brauchen sich doch nicht extra rasieren. Ich habe Sie doch hoffentlich nicht bei Ihren interessanten Relaxspielen gestört?"

„Doch, haben Sie. Aber das rennt nicht weg. Die Damen werden höchstens ein paar Tage älter."

Will ihm nicht auf die Nase binden, dass ich netten Besuch aus Italien und nun auch noch aus Schweden habe. Etwas angesäuert lege ich auf und drehe mich zu Kerstin:

„So, meine Liebe, und nun zu Ihnen. Sie wissen, ich mag keinen Zickenkrieg, und wie wir wissen: Das Leben ist kürzer, als man denkt. Sagen Sie meiner Frau, dass ich hoffentlich zum Dinner wieder da bin, sonst möge sie zum Rittersaal nach Sacrow zum Essen gehen. Sie und Vivien können dann auch langsam Feierabend machen. Sie wissen: Ich mag es nicht, wenn ein anderer meine Hühner... ☺ Quatsch, wir sehen uns dann morgen. Vielleicht fahren wir alle mit unserer Jacht auf den Wannsee raus. Charly soll sich jedenfalls bereithalten und die Jacht vorbereiten."

Die Gesandte, Frau Gotulas, sitzt mit dem Botschafter beim Kaffeetrinken. Sichtlich erfreut begrüßt sie mich. Man erkennt an ihrem verweinten Gesicht, dass sie verzweifelt ist.

„Dieses Schwein!" fängt sie an. „Der tat so, als sei ich seine große Liebe, und ich alte Kuh falle auf sowas rein. Anstatt ihn mit zu mir zu nehmen, lebe schließlich allein, gehe ich mit diesem Idioten wie er es wollte in ein Hotelzimmer. Jetzt weiß ich, warum der darauf bestand, weil er da Kameras versteckt hatte. Und nun gibt es schöne Fotos von mir."

„Ja, wenn es schöne Fotos sind, wo ist denn das Problem?"
Sollte etwas lustig klingen, kommt aber bei ihr nicht so an.

„War nur so gesagt, wer will denn so eine alte Kuh sehen? Außerdem sind die nicht unbedingt für die Öffentlichkeit."

„Okay, verstehe, doch ich fürchte, das Kind ist in den Brunnen gefallen, und was Sie auch machen, finden Sie sich am besten damit ab, auch wenn's schwerfällt. Erpresser halten selten ihr Wort, und so, wie Sie den schildern, macht der das sicher nicht zum ersten Mal."

„Ich will ja bezahlen, ist besser als diese Schande."

„Was für eine Schande, bitte? Das ist doch das Normalste der Welt. Ihre Eltern haben es gemacht Ihre Kinder, die Enkelkinder werden das machen, und selbst der katholische Priester macht es, wenn auch meistens nur heimlich. Tut mir leid, doch ich bin für Offenheit warum soll ich Ihnen was vorgaukeln? Die einzige Chance, das zu beenden, ist, dass man diesen Kerl dingfest macht. Das sollte Ihr Ziel sein."

„Und wie bitte soll ich das anstellen?"

„Wie lautet denn die Forderung?"

Sollte Polizei erscheinen, habe er 50 Kopien gemacht, und die würden von seinen Freunden an alle Fernsehsender, Zeitungen und an meine Familie geschickt."

„Und wenn Sie bezahlt haben, kommt morgen die nächste und übermorgen eine weitere Forderung. Haben Sie denn das Geld?"
Sie schaut zum Botschafter:
„26.000, mehr nicht, es sei denn, dass ich mein Auto... Doch wie soll ich das so schnell machen?"
„Von der Botschaft ist nichts drin?"
„Sind ja schon 10.000 Euro dabei, mehr haben wir nicht im Safe", antwortet der Botschafter.
„Wissen Sie, warum gerade an dieser Kirche?"
„Da hatten wir uns vorigen Monat das erste Mal gesehen, als ich mit einer Freundin dort fotografierte."
„Heute ist Samstag, entweder ist das ein Idiot, oder er hat Ihre finanziellen Verhältnisse überschätzt. Wo sollen Sie am Samstag soviel Geld hernehmen? Also ich würde, wenn überhaupt, 5000 das erste Mal geben."
„Wieso, er sagte doch einmalig, und dann will er mir die Negative geben?"
„Träumen Sie mal weiter. Selbst wenn er Ihnen einige gibt, hat er garantiert weitere Abzüge. Ich würde vorschlagen, Ihr trefft Euch, Sie geben dem 5000 und sagen, am Montag, wenn die Bank aufmacht, geben Sie ihm weitere 23.000, mehr hätten Sie nicht so schnell. Sie müssten erst das Auto verkaufen. Wenn er sieht, dass Sie darauf eingehen und etwas geben, wird er nicht so dumm sein und diese goldene Gans schlachten, sondern

den Montag abwarten. Sie sollten ihm, damit er denkt, dass Sie Ernst machen, den Autoschlüssel hinhalten. Geht er darauf ein, geben Sie ihm den. Ich verstecke einen GPS-Sender und werde in der Nähe sein. Dann können wir das Auto und somit auch den Typen orten."

„Und selbst wenn, was wollen Sie denn machen?"

„Glauben Sie mir, das wollen Sie nicht wissen. Wir werden versuchen, alle Fotos und Negative zu bekommen. Dabei wird mir ein ukrainischer Freund, Dmytro, behilflich sein. Der ist besser im Überreden, viel besser!"

„Und wenn er die doch veröffentlicht?"

„Dann macht er es auch selbst wenn Sie bezahlen, glauben Sie mir. Rechnen Sie einfach damit, dann kann es nur besser ausgehen. Ich weiß, dass es unangenehm werden kann, doch Sie sind weder verheiratet noch wohnen Ihre Kinder hier in Deutschland. Und Kollegen oder Bekannte zerreißen sich so oder so das Maul über jeden."

„Und mit Verlaub, wen würden diese Fotos schon interessieren, Frau Gotulas? Aus dem Alter, wo man sich daran aufputscht, sind wir schon lange raus", wirft der Botschafter nickend ein. „Ich würde die Idee von ihm unterstützen, doch das müssen einzig und allein Sie entscheiden."

„Ja, in einem gebe ich Ihnen recht: Wer will von so einer alten Schabracke Nacktfotos sehen?"

„Vielleicht zum Abgewöhnen", sage ich spaßig, um die Situation aufzulockern und habe Erfolg. Frau Gotulas und auch der Botschafter kriegen sich kaum ein vor Lachen.

Ich telefoniere mit Fox und lasse mir zwei GPS-Sender zur Botschaft bringen. Am liebsten hätte ich einen Sender auch an dem Geld, doch das wäre zu leichtsinnig. Wir wollen den ja in Sicherheit wiegen, denn ich bin sicher: Wenn wir den kriegen sollten, mein Freund treibt dem diese Gedanken für immer aus!

Ich rufe zu Hause an und entschuldige mich. Als ich meine Frau bitte, sich um meine Gäste zu kümmern, meint sie lachend:

„Wieso deine Gäste? Wenn schon unsere Gäste. Und das werde ich gern machen, bleib ruhig die Nacht weg, würde sonst sowieso zu eng im Bett werden, Schatz.“

„Na toll auch, *so* werde ich ausgeladen. Wie soll ich mich nun auf den Fall konzentrieren können?“

Okay, hätte ja als Ersatz die Nacktbilder von Frau Gotulas…, nein, war ein schlechter Witz.

Fox muss wie der Teufel gefahren sein, denn er brauchte von Potsdam nur 34 Minuten. Schnell haben wir den Sender hinter dem Querlenker angebracht und auch getestet.

„So, Fox, du bleibst in deinem Wagen hier.“ Ich gebe ihm eine der heiklen Aufnahmen.

Als Frau Gotulas entrüstet schaut, sage ich lachend:

„Keine Angst, Fox ist stockschwul, doch wie soll er sonst den Täter erkennen?“

„Fox, ich setze mich als Penner an den Eingang der Kirche und versuche, etwas zum Abendbrot dazuzuverdienen.“

„Passt, ja Chef. Bei deinem Dreitagebart würde ich selbst etwas geben.“

„Kannst du gleich hier." Ich halte die Hand auf –
vergebens, waren nur leere Versprechungen von Fox.

„Wissen Sie, ob da jemand saß und bettelte?"

„Ja, zwei sogar. Doch nicht unmittelbar am Turm,
etwas daneben."

„Haben Sie vielleicht etwas Altes zum Anziehen,
vom Hausmeister oder so?" frage ich den Botschafter.

„Sicher, vom Gärtner, wir können ja mal im Anbau
schauen."

Ich entscheide mich für eine Hose, die bestimmt schon
bessere Jahre erlebt hat, und drei Pullover, die ich alle
überziehe, damit mein „Paradeköper" nicht gleich zu
erkennen ist. Schmiere mir etwas Öl vom Rasenmäher
auf die Hose und in die Haare, um sie etwas ungepflegter
erscheinen zu lassen. Etwas Dreck aus dem Blumenbeet
sorgt für den Rest. In seiner Arbeitshose finde ich noch
eine kaputte Brille, die ich mir auf die Nase setze.
Verdammt, bis eben dachte ich, Brillen seien dazu da, um
besser sehen zu können. Ich habe eine erwischt, bei der
echt das Gegenteil zutrifft.
Frau Gotulas sieht mich erschrocken an:

„Wie sehen Sie denn aus? In der ersten Sekunde
habe ich Sie gar nicht erkannt."

„Gut, genau das ist Sinn der Sache."

Fox sieht auf die Uhr und ermahnt uns. Verdammt, wir
haben echt nur noch eine Stunde Zeit. Gut, bis dahin sind
es von der Botschaft keine zehn Minuten mit dem Auto,
doch ich muss ja erst noch eine Stelle suchen und sollte
nicht erst um acht ankommen.

„Du musst noch kurz an dem Caféshop stoppen, da liegen immer Werbeblätter aus. Ich will mir einen Haufen krallen."

Dmytro sollte ja bereits in der Kirche warten – als kleine Reserve und zur „Befragung".

Ich hatte mir von Frau Gotulas noch einen Hut, den ich im Kofferraum sah, genommen, schließlich muss ich ja meine „Einnahmen" irgendwo reintun, und man weiß ja nie, wo doch die ganze Welt voller Verbrecher ist, vielleicht werde ich ja fliehen müssen. ☺ Ich greife mir im Café einen Schwung Zettel für eine Kinderkrebshilfe und lasse mich hundert Meter vor dieser Kirche absetzen. Das Wetter ist Mist – dunkelgrau, und es nieselt. Daher kann ich mir sicher meinen Nebenerwerb abschminken. Bei diesem Wetter jagt man keinen Hund raus.

Doch es fängt gut an. Ein Holländer gibt mir gleich einen 10-Euro-Schein. Kurz danach fährt ein Bus mit Amerikanern vor. Eine Gruppe Gruftys steigt aus und stolpert fast über mich – bringt mir 0,00 Euro ein. Lediglich ein Schlanker, ich tippe mal auf 10×XL, hat es drauf. Er drückt mir seinen angebissenen Burger und einen Kaffeebecher von Burger King in die Hand und geht in die Kirche. Toll auch!

Bin ich ein lebender Papierkorb? In der Kirche hätte er sowieso nicht essen und trinken können. Also war es nicht gut gemeint, sondern eine Frechheit. Erst als die ersten rauskommen, klingelt die Kasse.

Das Beste ist eine Oma: Sie will mir ihre Kreditkarte geben und fragt, ob ich 10 Dollar abbuchen könne. ‚Was denn, sind die in Amerika schon so fortschrittlich, dass die Bettler Kreditkarten akzeptieren?' denke ich und lächle sie achselzuckend an.

„Habe nur noch das hier, dann nehmen Sie das bitte und vergessen Sie den Flegel. Habe leider nichts anderes." Sie zeigt auf den Burger-Spender.

Als ich sehe, dass es ein 50-Euro-Schein ist, will ich ihr den sofort zurückgeben.

„Gnädige Frau, das ist viel zuviel", sage ich mit hochrotem Kopf.

„Es kann nie zuviel sein, was man abgibt, mein Herr. Bitte machen Sie mir die Freude und behalten es."

„Danke, vielen Dank, werde es mit Freunden teilen", sage ich beschämt. „Woher sprechen Sie so gut Deutsch, gnädige Frau?"

Sie sieht mich lange an und sagt dann:

„Weil Berlin bis 1939 meine Heimat war."

Sie dreht sich um und geht zum wartenden Reisebus. Ich blicke ihr traurig nach und frage mich, was wir ihr und ihrer Familie wohl angetan haben, und trotzdem hat sie soviel Herz. Ich werde das Geld nachher bei der Bahnhofsmission abgeben, ganz klar.

Ich sehe, wie Frau Gotulas unruhig am Kirchturm hin und her geht. Da ich Blickkontakt nach innen zum Kirchenschiff habe, signalisiere ich Dmytro, dass es gleich soweit ist. Er kam mit einer hübschen jungen Frau im Arm raus. Erst jetzt erkenne ich seine Schwester. ‚Coole Tarnung', denke ich und lächle ihm zu.

Vor mir bleiben sie stehen, und er sucht in seiner Tasche nach Geld. Wie er es schafft, zwischen soviel Münzen wirklich ein ganzes, ich wiederhole, ein ganzes 2-Cent-Stück zu finden, ist ein Meisterwerk. Großzügig schmeißt er dieses in meine Mütze. Ich gebe ihm dafür einen Werbezettel. Verdutzt sieht er mich an, will ihn nicht nehmen. Seine Schwester versteht sofort. Sie sieht, dass ich ein Foto des Erpressers drin habe. Dann schlendern sie weiter.

Die Schwester macht von ihm ein Foto vor der Kirche, als auch der Typ um die Ecke kommt. Sich unsicher umsehend, geht er erst an Frau Gotulas vorbei. Dann winkt er sie zu sich. Mit schnellen Schritten geht sie selbstsicher auf ihn zu und übergibt den Umschlag. Sich nach allen Seiten umsehend schaut er rein, und für uns alle unerwartet knallt er ihr dann eine.

Zum Glück hält Ulyana, so heißt Dmytros Schwester, ihren Bruder fest. Er wollte gerade dazwischen gehen. Doch da ich nichts mache, denkt sie, sicher gelte das auch für ihren Bruder. Super mitgedacht, denn um die Ecke wartet ja auch noch Fox. Ich sehe, wie der Typ sich den Schlüssel, den sie ihm hinhält, nimmt. Dann packt er sie am Arm, und gemeinsam gehen sie wohl zu ihrem Auto. Er spricht noch kurz mit ihr, zeigt das Zeichen für Geld und steigt dann ein.

Hoffentlich greift Dmytro nicht ein, denn ich sehe ihn nicht mehr, da er mit seiner Schwester um die Kirche rumgeht. ‚Verdammt, er weiß doch das mit dem Auto?' denke ich. Erst wenn er wegfährt hätten wir ihn wegen „Diebstahls", okay, nicht ganz sauber, doch ist er es? Ich humple langsam in diese Richtung und sehe gerade noch, wie er Frau Gotulas umstößt. Zum Eingreifen bin ich zu weit weg. Scheiße, er fährt weg. Doch wie ich weiß, ist das eine Sackgasse. Er muss zurück, denn die Brücke dahinter ist gesperrt. Also sprinte ich jetzt schnell zu Frau Gotulas und helfe ihr auf. Hilfesuchend sehe ich mich um, von Dmytro und seiner Schwester ist nichts zu sehen. Doch links hinten, neben einer großen Buche, steht Fox. Gut, denn da muss der Arsch ja vorbei. Fox betätigt die Lichthupe, so weiß ich, dass er bereit ist.

Frau Gotulas weint, sie hat sich das Knie etwas aufgeschrammt, doch sonst nichts weiter. Aus dem Augenwinkel sehe ich, wie ihr Wagen zurückkommt. Er fährt rückwärts und wendet keine 30 Meter vor uns. Plötzlich rennt Dmytros Schwester auf die Straße. Bevor ich schreien kann, knallt es. Sie fliegt im hohen Bogen auf die Motorhaube. Fox gibt Gas und blockiert dem Typen den Weg. In dem Moment sehe ich, wie Dmytro hinter einer Steinfigur hervorkommt und zum Wagen rennt. Er sieht nicht mal zu seiner Schwester. Mit einem Ruck reißt er die Tür auf und zieht dieses Arschloch raus, um ihn auf den Boden zu werfen. Dass er dabei eine Art Schwächeanfall erleidet und auf diesen armen Kerl drauffliegt, kann ja mal passieren. Ich bin bei seiner Schwester, die mich nur angrinst, angekommen. Da fällt es mir ein: Mensch, ja doch, die arbeitet schließlich bei der weltberühmten Babelsberger Filmstuntgruppe als Stuntfrau. Mann, das haben sie gut gemacht!

Plötzlich versteinert sie. Bevor sie was sagen kann, liegen zwei Mann auf Dmytro. Ich mache eine Rolle über die Haube und erwische den einen, der mit einer Stange auf Dmytro einschlägt. Habe ihn am Bein und reiße ihn zu Boden. Ihr Bruder hat ihn trotz einer Platzwunde am Kopf, welche der ihm verpasst hat, im Schwitzkasten. Der Dritte jedoch rennt zu Frau Gotulas. Dadurch ist klar, die gehören zusammen.

Fox ist bereits bei der Frau und macht mit dem Kerl kurzen Prozess. Nun machte sich sein schwarzer Gürtel, auf den er so stolz ist, endlich bezahlt. Fox schiebt unsere Klientin in sein Auto, was der andere dazu nutzt, die Fliege zu machen. Auch meiner konnte sich losreißen, denn ich habe mir den Knöchel verletzt und kann nicht laufen. Als die Schwester das mitbekommt, will sie hinterher.

„Lass ihn, wir haben doch den." Ich zeige auf ihren Bruder, der trotz stark blutender Kopfwunde den Erpresser festhält.

Dann sehe ich mir Dmytros Kopf an.

„Verdammt, das muss genäht werden!"
Ich rufe Fox zu, er solle einen Rettungswagen herbeirufen. Die Schwester legt ihn mit dem Kompress-Verbandspäckchen, was ich immer dabeihabe, einen Kopfverband an. Nicht eine Sekunde lässt dieser dabei den Erpresser los.

„Wo sind die Bilder und Negative?" frage ich.

„Leckt mich doch, ihr Amateure", keucht er, soweit es Dmytros Schwitzkastengriff zulässt.

„Von mir aus behalte die. Wer will schon Bilder von so einer alten Frau haben! Dafür zahlt dir keiner auch nur einen Cent. Doch nur so nebenbei: Sie ist eine Diplomatin. Denkst du, ihr Land lässt sich das von dir kleinem Arschloch gefallen?"

„Werden wir ja sehen, wenn die Bilder morgen überall im Fernsehen zu sehen sind, und ich habe noch mehr auf Lager. Auch von der anderen, die bei der Botschaft ein und aus geht, ihrer Freundin, der Augenärztin."

„Danke für den Tipp. Kann ich ja von der auch ein Honorar verlangen, cool."

Verdammt, das war mir neu. Und wenn der wirklich Fotos von den beiden Frauen und vielleicht noch sich hat, sieht es schlechter aus. Bin sicher, dass der Botschafter das nicht mitmachen wird. Dann wird er sie fallenlassen müssen.

„Ich gebe dir Zeit, bis die Feuerwehr da ist, uns diese zu geben sonst, und das schwöre ich dir, wird die Feuerwehr nicht meinen Partner, sondern dich mitnehmen."

„Ich denke, die Feuerwehr darf keine Toten transportieren?" kommt es von Ulyana.

„Wieso? Wir machen es wie das letzte Mal, da hat der noch über 20 Minuten gelebt. Also werden sie ihn schon mitnehmen."

Wenn die Sache nicht so ernst wäre, könnte mir dieses Spiel fast Spaß machen. Sie scheint eine kleine Draufgängerin zu sein. Wir hören die Feuerwehr.

„Schnell, deine letzte Chance. Hörst du, die spielen schon dein Todeslied", kommt es von Dmytro.

„Macht keinen Scheiß. Wir, äh ich wollte nur eine schnelle Mark mit der Alten machen."

Ulyana tritt ihm mit ihren Absatzschuhen auf die Handfläche.

„Habe eben schlecht gehört, mit wem?"

„Mit der Viola."

„Aha, klingt schon ganz anders!"

„Komm mal her", stöhnt Dmytro zu seiner Schwester. Dann flüstert er ihr was ins Ohr.

Sie nickt, greift in ihren BH und holt eine schwarze Deringer raus. Dann zeigt sie zum Entführer:

„Los, hoch! Wir wollen zur Brücke gehen, mal sehen, ob du nach dem ersten Schuss noch schwimmen kannst."

„Bist du verrückt, mach doch keinen Scheiß. Mach dich nicht unglücklich, du bekommst auch alles, was du willst."

„Zu spät, steh auf!" schreit sie. Dabei blinzelt sie mir so zu, dass er es nicht mitbekommt.

Er steht langsam auf. Sie zeigt zum Wasser.

„Kommst du mit?" fragt sie mich.

„Klar, das lass ich mir doch nicht entgehen."

Als ich neben ihr gehe, flüstert sie mir ins Ohr:

„Dmytro hat ein Handy, und er meint, es sei besser, wir hauen ab. Dann kann er sagen, er sei gestürzt. Wenn die mit ihm fertig sind, gehen wir wieder hin. Sonst müssten die die Bullen zuziehen."

„Und du meinst, er kommt klar."

„Kommt er, ja, sicher. Ich kenne keinen, der einen dickeren Schädel hat."

„Los, da rein, hinter die Hecke, du Penner", sagt sie, sodass wir von Dmytro nicht zu sehen sind. Ich sehe noch, wie er aufsteht und dreißig Meter weitertorkelt, somit ist der Wagen außen vor. Super mitgedacht, zumal das Ding noch ein Diplomatenkennzeichen hat.

„So, du Penner, ein Wort, und du wirst in deinem Kopf Durchzug haben, und glaube mir, damit schwimmt es sich verdammt schlecht. Soll auch sehr ungesund sein, du verstehst?"

Ich habe längst mein Handy auf Aufnahme gestellt. Durch die Büsche sehe ich, dass die Feuerwehr mit Dmytro abfährt. Scheint schlimmer zu sein als wir dachten.

„Wo hast du die Negative?"

„Nicht hier, zu Haus, also die beiden anderen haben sie."

„Dann tust du mir leid. Hoffe, du hast ein Seepferdchen. Los, steh auf und geh zur Kanalmauer, du Flachwichser! Bist du fromm? Wenn ja gebe ich dir noch eine Minute fürs Gebet. Bin ja kein Unmensch."

„Nein, ja, ich habe sie zu Hause."

„Dann lass uns doch hinfahren. Hast du ein Auto hier?"

„Ja, einen alten Ford. Steht zwei Straßen weiter."

„Na, dann wollen wir mal!"

Sie hakt sich bei ihm ein, als seien sie ein Liebespaar.

„Sollten deine dreckigen Flossen mich irgendwie berühren, war es das Letzte, was du gespürt hast, verstanden? Ebenso solltest du türmen wollen oder jemandem ein Zeichen geben."

„Ja, bin ja nicht nur doof."

„Doch, sonst hättest du nicht so einen Scheiß gemacht. Weißt du, dass man solche Leute wie dich, die Frauen vergewaltigen, in meiner Heimat an ihren Eiern aufhängt, die Fußsohlen mit Salz einreibt und die dann von Ziegen ablecken lässt? Dann wird gewettet, ob du am Lachen oder weil es dir die Eier abreißt stirbst. Immer ein cooles Spiel, kommt das ganze Dorf zusammen. Was dann übrigbleibt von dir, kriegen die Schweine zu fressen. Wie findest du das?"

„Ich habe die doch nie vergewaltigt, auch ihre Freundin nicht, die waren beide männergeil. Und da dachte ich, wenn es so ist, wieso soll ich nicht etwas Taschengeld..."

„Halt 's Maul, was wir hören wollen ist lediglich, wo die Negative und die restlichen Bilder sind, alle! Übrigens kommt morgen Abend wieder ein Laster, der Eier liefert. Wenn du nicht kooperativ bist, nehmen die dich gerne mit in die Ukraine."

Wir haben sein Auto erreicht, und ich bitte Fox, hinter uns herzufahren.

„Frag mal die Alte diskret, ob er noch irgendwas wisse. Er hat so eine Andeutung gemacht, als hätte er ihre Freundin ebenso gevögelt. Doch das sage ihr nicht. Ich wüsste schon gern, ob sie bei uns mit offenen Karten spielt."

Seine Wohnung hinter dem Türschild „Krematowski" ist ein Dreckstall hoch drei! Und es ist eine Frau in der Wohnung – scheiß, dumm gelaufen. Er dachte wohl, dass wir uns nun nichts trauen werden.

Sofort beginnt er, ihr was in Bulgarisch zu stecken. Sie will in ein Nebenzimmer rennen, doch ich stehe vor der Tür.

„Nicht so schnell, junge Frau!"

Sie sieht Ulyana wütend an, scheint seine Frau zu sein.

Ulyana sagt cool zu ihm:

„Hast mir nie gesagt, dass du eine Freundin hast. Will sie mitvögeln? Dann musst du aber noch etwas mehr rauslegen als letzte Woche."

Die andere erstarrt und kneift die Augen zusammen. Dann springt sie auf und trommelt auf ihn ein. Trotzdem gehe ich sofort dazwischen, kann auch ein eingeübter Trick sein, um eine Waffe oder so zu übergeben.

Sie ist flink wie eine Katze und schafft es noch, ihm echt ein Stück seines rechten Ohrs abzubeißen, was sie verächtlich auf den Boden spuckt. Wow, scheint keine Falle zu sein, so etwas habe ich noch nie gesehen.

Sie schreit ihn an:

„Du hast mich hergeholt, weil du mich heiraten wolltest, doch in Wirklichkeit nur, weil du vom Amt viel mehr Geld bekommst, wenn ich hier bin, und darum sollte ich angeben, wir seien verheiratet und hätten vier Kinder. Ich bin nicht so doof wie du denkst. Schon lange nicht mehr!"

Gut, wenn die sauer ist, könnte sie eine Verbündete werden.

Ulyanas Handy klingelt.

„Dmytro ist dran. Sie haben ihn verarztet, und er will abgeholt werden", sagt sie mir.

„Sag ihm, Fox komme. Er soll ihn anrufen und die Adresse durchgeben."

Ich rufe Fox, um ihn zu informieren.

„So, wo sind nun die Bilder? Das mit deinem Ehekrach kannst du allein ausbaden", sage ich.

„Darf ich meine Sachen packen? Ich will weg, gehe zu meiner Schwester nach Fahrland bei Potsdam", meldet sich Frau Krematowski ängstlich, aber voller Wut.

„Kenne ich, ja, aber ohne was mitzunehmen. Kannst du morgen alles abholen kommen. Und wenn du zehn Minuten wartest, könnten wir dich mitnehmen, ist unsere Richtung."

Stimmt zwar nicht ganz, mir ist jedoch wichtig, sie nicht außer Kontrolle zu lassen, nicht dass die uns was vorspielt und die Bilder herausschmuggeln will.

Dmytro kommt mit einem Kopfverband und will gleich auf den Typen losgehen.

„Nein, lass ihn, ich denke, ihr wollt was von ihm!" ruft seine Schwester.

„Es ist besser, ihr geht. Würde gern mit ihm allein etwas ‚fachsimpeln', zumal ich dies ihm zu verdanken habe", dabei zeigt er auf seinen Verband.

Ist mir mehr als recht, ich kenne sein Fachsimpeln nur zu gut aus einem anderen Einsatz.

„Kommen Sie, ich nehme Sie mit."

„Nicht mit ihr", sagt Dmytro und zeigt auf seine Schwester. Er will sie nicht dabeihaben.

„Ich habe wirklich nichts hier. Ich kann meine Kumpel anrufen, dass sie die Negative bringen sollen."

Er bekommt eine volle Breitseite von Dmytro.

„Das war dafür, dass du mich für so blöd hältst. Verlass dich darauf wir werden die schon finden", sagt er grinsend.

Fox bringt uns zu dem Wagen von Frau Gotulas, der ja noch an der Kirche steht. Dann fährt er zurück, um Dmytro unten am Haus abzusichern, nicht dass die Freunde des Erpressers da doch noch auftauchen. Ulyana, die dessen Wagen fährt, bringt die Frau wie versprochen nach Fahrland. Wo sie sie später wiederholt um sie zur Botschaft zubringen.

Sie zwinkert mir zu und meint leise:

„Vielleicht kann ich was erfahren, zumal sie, wie sie eben sagte, auch Russisch kann. So unter Frauen ist es manchmal besser."

Wie recht sie hat, erfahre ich bereits eine Stunde später, als beide bei uns ankommen. Ich fuhr inzwischen noch schnell zur Bahnhofsmission, um die 60 Euro abzugeben.

„Haben Sie irgendetwas gegen mich, weil Sie nicht sprechen, was passiert ist? Ich weiß überhaupt nicht mehr, was los ist", sagt Frau Gotulas weinend.

„Nein, wieso? Doch wenn Sie mir nichts zu sagen haben, ist ja auch einzig und allein Ihr Bier, dann habe ich auch nichts zu sagen. Bringe Sie zur Botschaft, und dann sind wir, ich und mein Team, raus. Ihnen steht immer noch der Weg zur Polizei offen, die Adresse des Täters haben Sie ja nun."

Dann zehn Minuten Schweigen, bis sie fragt:

„Können wir nicht vorher noch irgendwo einen Kaffee trinken, ich habe noch was auf dem Herzen?"

Ich entscheide mich für das Sportrestaurant am Olympiastadion, was keine zweihundert Meter von uns entfernt liegt. Im Restaurant erzählt sie, dass sie seit Jahren mit der Augenärztin intim befreundet sei und Angst habe, wenn das rauskommt.

„Weiß ich bereits, doch bin etwas enttäuscht. Ich erwarte von meinen Klienten absolute Offenheit, schließlich setzen wir uns auch mit absoluter Höchstleistung, nicht selten mit unserer Gesundheit, für unseren Job ein."

„Er war mal bei mir zu Hause und hatte sie unglücklicherweise in meinem Bett gesehen. Ich nahm an, sie wäre noch in unserer Heimat, wo sie ihre todkranke Mutter besuchen war. Jedoch kam sie früher zurück. Da die nicht wissen sollte, dass ich mit dem..., bat ich ihn zu gehen und in zwei Stunden wiederzukommen."

Dmytro ruft an und meint:

„Ich habe einen ganzen Schwung Negative und Bilder erhalten, wo auch eine weitere Frau drauf ist."

„Was ist mit dem Arsch?"

„Oh, der ist müde und schläft gerade etwas. Soll ich zu euch kommen?"

„Nee, warte vielleicht noch etwas. Melde mich, wenn ich in der Botschaft bin, doch rechnet damit, dass seine Freunde auftauchen."

In der Botschaft lässt man Ulyana mit der Bulgarin gar nicht erst rein. Beleidigt wartet sie auf mich vor der Botschaft und steigt in unseren Wagen. Sie sieht zu Frau Gotulas:

„Toll, wir riskieren unseren Arsch, und die lassen uns auf der Straße stehen."

„Oh, das tut mir leid, ich kläre das sofort." Sie steigt aus und geht in die Botschaft.

„Es könnte sein, dass es Videos gibt. Die Krematowski erzählte, dass er sich mal Videos von zwei Frauen am Laptop ansah und als sie dazukam diesen sofort zuklappte", erzählt Ulyana.

„Weiß sie, wo er den hat?"

„Ja, hinter dem Kachelofen."

„Wieso das denn?"

„Weil er geklaut ist, falls die Polizei kommt. Habe meinen Bruder schon angerufen, der sucht danach."

„Klasse, Mädchen, solltest zu uns kommen. So was wie dich brauchen wir, jung, hübsch und draufgängerisch."

„Würde ich gern, doch mein Bruder sagt strikt nein. Er meint, sonst würdest du mich sofort vernaschen. Er passt wie ein Luchs auf mich auf."

„Toll", sage ich beleidigt, „und was ist, wenn du mal heiratest, wird er dann auch im Schlafzimmer dabeisitzen?" Sie lacht herzhaft.

„Bist du wirklich so ein schlimmer Finger, was die Frauen betrifft?"

„Probier's doch aus, wenn du lebensmüde bist!"

„Hab vor nichts Angst, bringt mein Job so mit sich, nur vor meinem Bruder", fügt sie lachend hinzu.

„Sind wir ja schon zwei."

„Aufgeschoben ist nicht aufgehoben, oder? Sollten wir im Hinterkopf behalten."

„Klar doch, sollte dein Bruder mal in Sibirien oder irgendwo verschollen sein, ruf mich an."

Dmytro ruft an:

„Habe den PC, doch der Typ schläft immer noch – hoffe nicht durch", sagt er etwas unsicher.

„Hast du es schon mit Wasser probiert?"

„Nee, aber ich habe kein ungutes Gefühl, sehe mich mal noch etwas mehr um, im Bad und so."

Frau Gotulas kommt mit dem Botschafter raus.

„Nichts für ungut, doch in der heutigen Zeit, und da die keiner kannte..."

„Geschenkt, Exzellenz. Der Fall scheint erledigt zu sein."

„Na nun, kommt doch erst mal alle rein. Die Damen selbstverständlich auch."

Mit erhobenem Haupt schreitet Ulyana an dem Sicherheitsmann vorbei. Frech richtet sie dabei noch seinen Schlips. Er sieht mich entrüstet an, sagt jedoch keinen

Ton. Ist einer, den ich mal vor Jahren ausgebildet hatte. Ich grinse nur.

Dmytro ruft mich an:

„Du glaubst es nicht, aber im Klo und im Badewannenabfluss habe ich noch viele Fotos gefunden. Scheinen aber von andern Erpressten zu sein. Was soll ich damit machen?"

„Leg alles auf den Tisch und warte, bis er zu sich kommt."

„Ist er schon, nur noch etwas hilflos, jammert wie eine alte Frau. Hat sich wohl beim Fallen den rechten Arm gebrochen. Außerdem scheint er wohl Unterleibsschmerzen zu haben. Bin da, als er auf dem Boden lag, aus Versehen draufgetreten – kann ja mal passieren."

„Wie oft denn?" frage ich lachend.

Was ich nie für möglich gehalten habe: Der Botschafter spricht Bulgarisch. Er war mal drei Monate als Gesandter in Sofia an der Botschaft tätig. Er versprach sogar, Frau Krematowski bei einer Jobsuche zu helfen, da sie sich hundertprozentig von dem trennen wolle.
Ich frage sie, ob sie wisse, wo seine Videokamera ist.

„Er hat keine. Bestimmt nicht, aber ich weiß, dass er oft eine Etage höher bei einem Polen rumlungert, die haben wohl zusammen einigen Mist gebaut, und der hat bestimmt sowas. Als er mal bei uns war und wir feierten, hatte er filmen wollen wie mein Freund... Exfreund versuchte, meine Brüste freizulegen. Da habe ich ihn aus der Wohnung geworfen, was zur Folge hatte, dass mein Ex mich fürchterlich verprügelte."

„Verdammt, das könnte ein wichtiger Tipp sein. Wie heißt der?"

„Petkowski oder so, wohnt genau über uns. Die wollten sogar mal einen Durchbruch machen, um in die andere Wohnung zu kommen. Doch das hatte ich nicht mitgemacht."

Ich sehe zu Frau Gotulas, die die ganze Zeit geschwiegen hat.

„Wenn wir alle Fotos haben sollten, versprechen Sie, dann die Polizei zu informieren? Ich gebe Ihnen eine Nummer, wo Sie sicher sein können, dass alles ganz diskret behandelt wird."

Sie schaut zum Botschafter, der zustimmend nickt.

„Ja, sicher mache ich das."

Mein Telefonat mit Dmytro kommt mir jetzt sehr wortkarg vor, will ihn vor dem Polen warnen. Deswegen rufe ich Fox an.

„Sag mal, du stehst vor dem Haus, richtig? Aber die Gefahr kann auch *aus* dem Haus kommen, genauer gesagt aus der Wohnung darüber. Da soll ein Kumpel von ihm wohnen."

„Scheiß, werde mal raufgehen. Vielleicht sehe oder höre ich was."

„Habt Ihr Telefon zu Hause, Frau Krematowski?" frage ich.

„Nein, nur Handys. Er hat mehrere, alle nicht seine."

Fox ruft zurück:

„Sieht aus, als wenn Dmytro in Schwierigkeiten wäre. Höre aus der Wohnung eine fremde Stimme. Was schlägst du vor?"

„Wenn das Telefon klingelt könnte es sein, dass er oder die rausrennen. Sei vorbereitet, aber pass auf!"

„Kein Problem, habe meine Braut dabei." Er meint seine SIG Sauer.

„Hast du in deinem Wagen noch die Polizeisirene?"

„Ja, wieso?"

„Wie lange brauchst du, um vom Auto oben zu sein?"

„Stehe direkt in der Einfahrt vor der Tür. Keine zehn Sekunden."

„Super! Pass auf, wir rufen an und warnen den, dass die Polizei gleich auftaucht. Halte mit uns die Telefonverbindung und sage, wenn du bereit bist. Warte aber auf das Go von Ulyana. Ich bin schon unterwegs!"

„Nehmen Sie meinen Wagen, wegen der Anzeigen!" ruft der Botschafter noch.

„So, können Sie den jetzt anrufen und aufgeregt sagen, dass Sie gehört haben, dass wir die Bullen anriefen und die gleich da sein werden?"

„Ungern, würde den am liebsten im Knast sehen. Aber ja, natürlich."

„Wenn alles so läuft, wie ich das denke, wird er auch da landen."

Frau Krematowski ruft wie abgesprochen an und macht echt einen auf aufgeregt.

Dann wendet sie sich an Ulyana:

„Es tut mir nur leid, dass ich dich so angegangen bin, Ulyana, doch ich dachte wirklich, du seist seine Geliebte, weil er oft, wenn er nach Hause kam, nach Frauenparfüm roch."

„Geschenkt, hatte dich ja auch provoziert!"

Ich melde mich kurz vor dem Ziel:

„Jetzt, Ulyana, gib Fox das Go!"

Sie hört auch sofort die Sirene und eine Tür klappen. Er scheint hochzuspurten.

Es klappte, die beiden stürmten aus der Tür, um nach oben zu rennen. Schließlich dachten die ja, unten sei schon Polizei. Oben wartete Fox mit seiner „Braut" und sagte mit einem Blick auf die Tüten in deren Händen:

„Lasst ruhig liegen, ich helfe euch schon beim Tragen."

Das Fuchteln mit seiner „Braut" überzeugt sie, als Dmytro aus der Wohnung taumelt. Er hält sich den Kopf.

„Langsam macht es keinen Spaß mehr. Fox, sag mal deinem Chef, waren heute ziemlich lange zehn Minuten, wo er meine Hilfe brauchte."

„Los, wenn wir schon fast oben sind, dann wirst du doch wohl zwei Biere für uns in der Wohnung haben, oder?" fragt er den Polen.

Fox „konnte" nicht verhindern, dass er sich beim Polen mit einem Niederschlag bedankte. Er hielt indessen den Bulgaren in Schach.

Ich höre bereits im Treppenflur, wie sich Dmytro mit denen beschäftigt. Wenn er angepisst ist, kann ihn so schnell keiner aufhalten. Ich durchsuche sofort erfolglos Krematowskis Bad, weil das der einzige Raum ist, wo wir die beiden einsperren können. Dmytro zieht sich einen Stuhl ran und setzt sich grinsend, soweit das in seinem Zustand möglich ist, davor.

In seiner Wandlampe im Schlafzimmer werde ich fündig: mehrere kleine Videokassetten. Da ich beim Reinkommen auf dem Küchenschrank einige

Fotoapparate und Videokameras sah, lege ich die gleich zum Durchsehen rein. Überall Aufnahmen vom Vögeln, doch nicht von Frau Gotulas.

Fox bringt mir noch eine, die sich in einem Briefumschlag befindet.

„Sieh mal, vielleicht ist es das, was wir suchen."

„Gnädige Frau, 100.000 Euro sind sicher nicht zu viel, damit Sie Ihre Karriere nicht vorzeitig beenden müssen. Morgen gleiche Zeit und gleiche Stelle wie beim ersten Mal. Ohne Polizei. Ihr Verehrer, der Sie dann in Ruhe lassen wird."

Aha, hatte ich also recht mit meiner Vermutung, das wäre der nächste Erpressungsversuch. Ich sehe kurz rein und: Volltreffer! Frau Gotulas mit einer sehr hübschen Frau, sicher die Augenärztin. Nun schließt sich der Ring. Als Frau Gotulas den für zwei Stunden wegschickte, musste er die Zeit genutzt haben, eine Kamera zu besorgen, und die zu verstecken ist ein Kinderspiel.

Dmytro befragt die beiden noch mal eindringlich, mit leichter körperlichen Unterstützung, ob das nun alles war, was sie bejahen. Scheint jetzt allerdings glaubhaft. Er droht, äh verspricht denen noch:

„Solltet ihr nochmals auftauchen, werden wir uns wiedersehen, dann verschaffe ich euch, wenn der Geheimdienst aus dem Land eures Opfers euch noch hat am Leben lassen, einen kostenlosen langen Urlaub in meiner Heimat."

Fox schließt beide wieder ins Badezimmer.

Da wir annehmen, dass sich in den Wohnungen einiges Diebesgut befindet, schließlich fanden wir bei dem Bulgaren elf Armbanduhren und vier Brieftaschen, beschließen wir, die Polizei zu rufen.

Hätte da eine Idee, sagt Fox lachend:

„Hatte eine Hilfe, ein Junge um die zwölf. Habe gesagt, bin ein Geheimagent, brauche kurz seine Hilfe. Ob er nach fünf Sekunden den Knopf wieder reindrücken könne. Dachte, wäre nicht gut, wenn es zu lange ist und vor der Tür. Nicht dass die sich dann nicht runtertrauen. Soll er der Polizei die Schlüssel geben."

„Passt", sage ich lachend. „Ich glaube, der sitzt noch in deinem Auto. Hatte mich schon gewundert, als ich vorbeirannte."

Ich gebe dem Jungen die Schlüssel und sage, er soll sie der Polizei geben, wenn sie kommt.

„Seid ihr auch Geheimagenten?" fragt er aufgeregt.

„So ungefähr", sagt Fox.

Dann steigen wir in unsere Autos und fahren zur Botschaft.

Kam zwar später eine Anfrage von der Polizei an die Botschaft, weil der Junge sich das Diplomatenfahrzeug merkte, doch sind die ja nicht auskunftspflichtig. ☺

Vorschau

Entführt nach Quiberon

Ein traumhafter Abend, der im Zelt am Pool begann, ließ mein Herz schneller schlagen. Kerstin hatte die Idee überhaupt, sie ließ Trockeneis kommen, um es in den Pool zu werfen – ein wundervoller Anblick mit der Fackelbeleuchtung.

Was der Alkohol bisher nicht schaffte, dieser Anblick ließ selbst die etwas kühl scheinende Mia auftauen. Ihr „Darf ich?" war überflüssig, weil Heidi, Celina und Kerstin sich bereits auszogen, um in den Pool zu springen.

Chiara fragte ungläubig:

„Kann da auch nichts passieren?"

„Spring rein, dann weißt du's. Könntest starke Verbrennungen kriegen, wenn du dem Zeug zu nahekommst, vielleicht", meinte Kerstin lachend und sprang rein.

Chiara und Celina waren die nächsten.

„Na, Angst, wir kucken dir was ab?" fragte Chiara.

„Wieso das, sagtet ihr nicht, das wäre ein Mädelwochenende?"

„Vielleicht bist du eins, weil du zu feige bist, dich auszuziehen."

„Komm her, finde es raus!"

Mit einem gekonnten Klimmzug zog sie sich am Beckenrand raus und rollte sich direkt vor meine Füße. Lächelnd zog sie sich an meiner Hose hoch, fasste meinen Hosengürtel und öffnete ihn.

„Du hast es nicht anderes gewollt. Doch ich mache nie was bei Männern umsonst. Wenn ich dich ausziehe, vögelst du mich dafür im Pool, okay?"

„Wenn Sie mich so freundlich drum bitten, versprochen!"

Dann zog sie mich mit meinen restlichen Sachen in den Pool.

Von hinten schwamm Chiara zu mir und küsste meinen Nacken. Ihre großen Brüste verwöhnten dabei meinen Rücken. Aus den Augenwinkeln sah ich, wie sich Heidi und Celina intensiv küssten. Kerstin sah mich an und zeigte zu Chiara und auf sich. Schulterzuckend nicke ich, wie, Versuchen Sie es doch'. Freudig schwamm sie die an und umfasste uns beide, dabei drückte sie ihre Bürste an die von Chiara.

290

Sie ließ von mir ab und drehte sich zu Kerstin. Kurz sah sie die an, dann küssten sich beide. Hemmungslos holte sich Mia ihr Versprechen von mir. Wenn es einen falschen Moment gibt, dann war es dieser, in dem dieses scheißverfluchte Handy klingelte. Da es mit einem blaulichtartigen Blitzen verbunden war, was die ganze Nachbarschaft sehen musste, schwamm ich hin, doch ich zeigte ihr freundlich, wie ‚Bleibe bei ihr, aber denke dabei auch an mich, geh' schon'.

Es war Frau Lücke. Völlig verweint sagte sie:

„Ich zahle auch 100.000 Euro oder mehr. Ich biete Ihnen an, mit meinem Privatjet nach Paris zu fliegen. Von dort könnten Sie mit einem Helikopter direkt nach Quiberon weiterfliegen."

„Warum nun so eilig?"

„Habe einen Hinweis bekommen, es geht um Stunden."

Ich sah auf die Uhr:

„Bin in zwei Stunden am Flughafen! Scheiß, drei willige Frauen in meinem Berliner Haus, eine hübscher als die andere, und ich soll nach Frankreich, einen älteren Herrn suchen. Da es ein durchaus interessanter und nicht zuletzt auch lukrativer Job war, musste ich in den sauren Apfel beißen.

„Chef, nicht traurig sein, nehmen Sie mich als kleinen Trostpreis mit. Frankreich, sogar Quiberon, wo doch mein Schwarm Romy Schneider verliebt war – will auch da hin." Sie himmelte mich an und hatte dabei einen unwiderstehlichen Blick.

Aus demselben Verlag

Mein Leben als Personenschützer
Band I
...aber auch die teuflisch schönen Nebeneffekte

Mein Leben als Personenschützer
Band II
Auf Leben und Tod

Mein Leben als Personenschützer
Band III
Spione im Land der schönen Fjorde

Mein Leben als Personenschützer
Band IV
Die Geiselnahme

Mein Leben als Personenschützer
Band V
Zahlen oder sterben

Tod am Nordkap
für ewig verschwunden

Von Potsdam nach Macau
Die Entführung

Demnächst

Als Spion in der DDR –
Deutsch-deutscher Irrsinn

Der Privatermittler im Einsatz
Entführung in Quiberon

Erotische Erlebnisse

Betreutes Wohnen auf See??
Aber holla!

Im Palast des Maharadschas
Die Schwestern der „O"

Studentinnen für Nebenjob gesucht
Und wie sie poppten ... äh jobbten

Der 99-Stunden-Deal
Sie tat es für ihr Kind

Sugarbabe
Der Einsatz war ich!

Der Vorteil unserer Bücher zum Film? Du kannst dir die Personen mit „Kopfkino" so vorstellen, wie du sie gern sehen möchtest.

www.VTP-Verlag-Berlin.de
info@vtp-verlag-berlin.de

Facebook: vtpverlagberlin
Twitter: Horst Pomplun 1
Facebook: Autor Horst Eberhard Pomplun
Instagram: VTP-VERLAG-BERLIN

Youtube-Kanal: Horst Pomplun
VTP-VERLAG-BERLIN

https://www.youtube.com/channel/UCe8Uj0O0eXHCKp oDQEAauEw

Über die Arbeit des Personenschützers Horst Pomplun und sein Team
Youtube-Kanal: VTP-Security

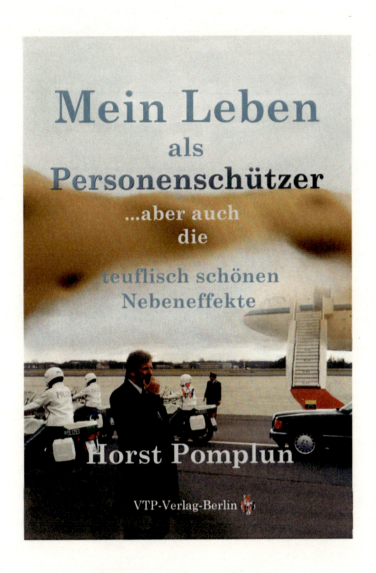

Mein Leben
als
Personenschützer
...aber auch
die
teuflisch schönen
Nebeneffekte

Horst Pomplun

VTP-Verlag-Berlin

ISBN 9783981739619

Mein Leben

als

Personenschützer

Band II

Auf Leben und Tod

VTP-Verlag-Berlin

ISBN 9783981739664

ISBN 9783981739688

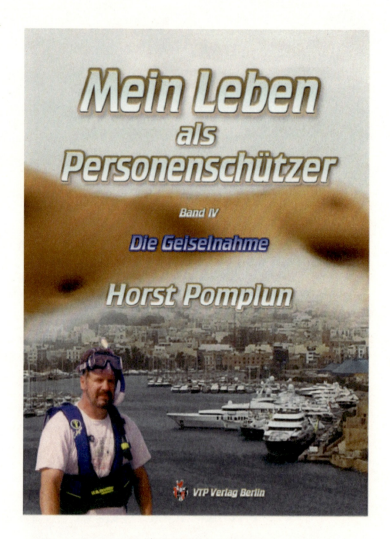

ISBN 9783981739695

Mein Leben als Personenschützer

Band 5

Zahlen oder sterben...

Horst Pomplun

VTP Verlag Berlin

ISBN 97839811739657

ISBN 9783981739602

E-Book ISBN 9783981739626

Fini von Loren

Im Palast des Maharadschas

Die Schwestern der "O"

Erotischer Roman

VTP-Verlag-Berlin

ISBN 9783981739633

ISBN 97839817371

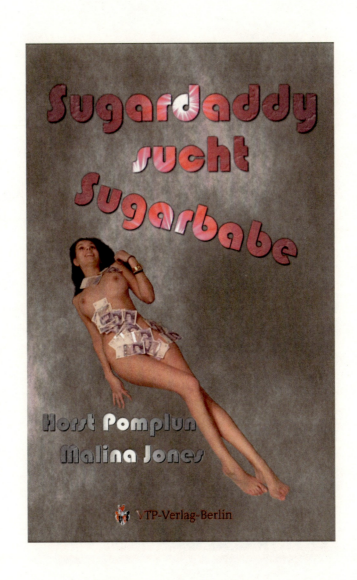

Sugardaddy sucht Sugarbabe

Horst Pomplun
Malina Jones

VTP-Verlag-Berlin

ISBN 9783947226085

Der 99 Stunden Deal

Sie tat es
für ihr Kind

Text

Fini von Loren

TP-Verlag-Berlin

ISBN 9783947226030

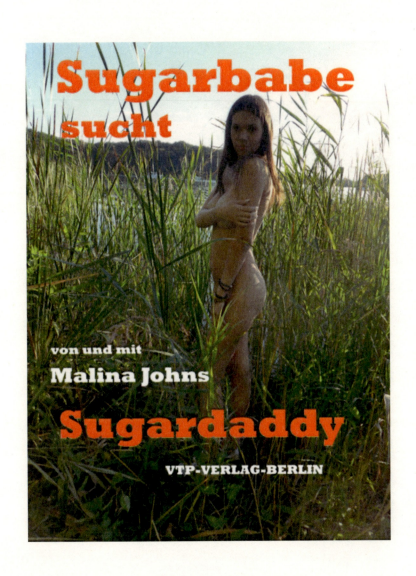

Sugarbabe sucht

von und mit
Malina Johns

Sugardaddy

VTP-VERLAG-BERLIN

ISBN 9783947226092

Als Spion in der DDR

von Harry Luck

VTP-Verlag-Berlin

ISBN 9783947226016

www.VTP-VERLAG-BERLIN.de

978-3-947226-00-9